坐看云起时

WATCHING THE CLOUDS GO BY

and other essays

READINGS IN
CHINESE
CULTURE SERIES

VOLUME
5
ADVANCED MID

第五册

Weijia Huang 黄伟嘉
Boston University

Qun Ao 敖群
**United States Military Academy,
West Point**

CHENG & TSUI COMPANY

Boston

20 19 18 17 16 15 14   1 2 3 4 5 6 7 8 9 10

First edition 2015

Published by
Cheng & Tsui Company, Inc.
25 West Street
Boston, MA 02111-1213 USA
Fax (617) 426-3669
www.cheng-tsui.com
"Bringing Asia to the World" ™

ISBN 978-1-62291-055-7

Library of Congress Cataloging-in-Publication Data is available for this title.

Printed in the United States of America

◆ 目录 ◆
◆ 目錄 ◆

Contents

Preface

Despite the variety of Chinese textbooks available today, the need for a coherent sequence of reading materials, suitable for multiple levels of Chinese proficiency, remained. Cheng & Tsui Company invited us to develop such a series, starting from beginning Chinese and proceeding to advanced—a challenge we were delighted to meet.

This series of reading materials consists of five volumes, corresponding to five progressive levels of Chinese proficiency. Volume one is suitable for use by students in the second semester of their first year of Chinese study, or at the "Intermediate Low" level, according to ACTFL proficiency guidelines (please visit **www.actfl. org** for more information). Volumes two and three are designed for students in the first and second semesters, respectively, of their second year of study, or levels "Intermediate Mid" and "Intermediate High." Volumes four and five are appropriate for students in the first and second semesters, respectively, of third year Chinese: "Advanced Low" and "Advanced Mid."

Watching the Clouds Go By is the fifth volume of this Cheng & Tsui Readings in Chinese Culture Series. It is intended for students in the second semester of a third-year Chinese course.

Each volume consists of ten lessons. The text of each lesson is approximately five hundred characters in length in the first three books and seven hundred and fifty characters in length in the last two books. Each lesson has approximately thirty new vocabulary words in the first four volumes, while the fifth volume has approximately fifty new vocabulary words. The vocabulary lists were chosen based on popular, standard Chinese language textbooks, and selections were further solidified after field testing. Exercises are provided at the end of each lesson in a variety of formats: matching related words, multiple-choice questions, questions covering essay content, and discussion questions for oral practice. Answer keys and a vocabulary index can be found at the end of each volume.

To accommodate a diverse range of proficiency levels and learning practices, each lesson also includes a list of frequently used words and phrases that are similar in meaning to vocabulary items, or otherwise related to the essay. In an appendix, the full text of each essay is also provided in pinyin, together with simplified Chinese characters, in consideration of various language levels and teaching styles. Furthermore, each lesson's text, vocabulary, and exercises are printed on facing pages in both simplified and traditional characters. The answer keys and index also provide both character forms.

We wrote the essays in such a way that the prose not only conforms to standard Mandarin Chinese, but also retains a smooth and straightforward flow. To ensure that students continue to review previously learned material, later lessons incorporate grammar patterns and vocabulary words that appear in earlier lessons.

At present, many American high schools have begun to offer an Advanced Placement (AP®) Program in Chinese, and the AP curriculum specifically emphasizes the need for students to understand and appreciate Chinese culture while studying the language. In preparing this series of reading materials, we made a concerted effort to ensure that linguistic practice is seamlessly integrated with the acquisition of cultural knowledge, so that students may understand both contemporary and historical Chinese culture through language learning. In order to accurately reflect both China's historical traditions and modern trends, all lessons that refer to classical stories include the original text along with its source. We also consulted various relevant materials and verified facts for all lessons that discuss present-day social issues.

We believe that students will find these compiled essays both intellectually stimulating and engaging. Our goal is that this series' lessons will help students broaden their linguistic range, stimulate their interest in learning Chinese, boost their reading comprehension level, and strengthen their understanding of Chinese culture.

We sincerely hope this series of reading materials will be of use to all students of Chinese—whether they are taking AP Chinese language and culture courses in high school, are enrolled in Chinese language courses in college, or are studying Chinese independently.

We want to thank Cheng & Tsui Company for giving us the opportunity to create this series and for making many valuable suggestions. Our sincere thanks also go to Bing Wang, of the Cheng & Tsui product development team, for her great support and excellent work on this project. Our gratitude also extends to Mr. Jian He for his excellent illustrations in this volume.

Any comments or criticisms from teachers and students alike would be most welcomed. These insights would be invaluable for the improvement of future editions of this book. Please direct any feedback to: **editor@cheng-tsui.com**.

Weijia Huang and Qun Ao

June 2014

Boston

编写说明

现在用于课堂语法教学的中文教材很多，但是缺少合适的不同层次的系列阅读教材，波士顿剑桥出版社约我们编写一套从初级到高级的阅读教材，我们欣然应承了下来。

这套教材共五册，涵盖五个不同的阶段。第一册适用于一年级第二学期，按照美国外语教学委员会（ACTFL）的语言标准，大致属于中低级水平；第二册适用于二年级第一学期，属于中中级水平；第三册适用于二年级第二学期，属于中高级水平；第四册适用于三年级第一学期，属于高低级水平；第五册适用于三年级第二学期，属于高中级水平。本册《坐看云起时》是第五册。

每一册有十篇课文，前三册每篇课文500字左右，后两册每篇课文750字左右，前四册每篇课文有30个生词，第五册每篇课文有50个生词。词汇的选用参考了常用的同等水平的汉语课本。每课后面有练

編寫說明

　　現在用於課堂語法教學的中文教材很多，但是缺少合適的不同層次的系列閱讀教材，波士頓劍橋出版社約我們編寫一套從初級到高級的閱讀教材，我們欣然應承了下來。

　　這套教材共五冊，涵蓋五個不同的階段。第一冊適用於一年級第二學期，按照美國外語教學委員會（ACTFL）的語言標準，大致屬於中低級水平；第二冊適用於二年級第一學期，屬於中中級水平；第三冊適用於二年級第二學期，屬於中高級水平；第四冊適用於三年級第一學期，屬於高低級水平；第五冊適用於三年級第二學期，屬於高中級水平。本冊《坐看雲起時》是第五冊。

　　每一冊有十篇課文，前三冊每篇課文500字左右，後兩冊每篇課文750字左右，前四冊每篇課文有30個生詞，第五冊每篇課文有50個生詞。詞彙的選用參考了常用的同等水平的漢語課本。每課後面有練习，练习包括词语连接，选择答案，思考讨论等形式。每册后面有练习答案和生词索引。

为了帮助学生阅读，书后面附有拼音课文；为了扩展学生的词汇量，课后面列有与课文内容相关的常用同类词语；为了照顾使用不同字体的学生，课文、生词、练习以及答案都采用繁简两种形式。为了让学生能够反复练习语法和词语，后面课文尽量重复前面课文的语法点和生词。

课本是学生学习的范本。虽然这是一套阅读教材，但我们编写时仍是如履薄冰，战战兢兢，丝毫不敢大意。我们力求做到每篇课文主题明确、内容生动；思路清晰、论述合理；而且特别注意用词规范、标点准确；语句通顺、行文流畅。其实这五十篇课文涵盖文化内容多、跨越难易幅度大，加之课文字数及生词量的限制，撰写起来并不容易。

现在美国的中学已经开始中文AP课程了，中文AP课程强调学生在学习中文的同时了解中国文化，我们在编写这套教材时就特别注重语言实践和文化体认相结合。

为了准确地表现中国传统文化和现代文化，我们在撰写课文时，凡是涉及到古文的都对照了原文，并且在课文后附录了原文，标明了出处；凡是阐述现代社会问题的都查阅了文献，核实了相关的信息，诸如年代、数字等等。

習，練習包括詞語連接，選擇答案，思考討論等形式。每冊後面有練習答案和生詞索引。

為了幫助學生閱讀，書後面附有拼音課文；為了擴展學生的詞彙量，課後面列有與課文內容相關的常用同類詞語；為了照顧使用不同字體的學生，課文、生詞、練習以及答案都採用繁簡兩種形式。為了讓學生能夠反復練習語法和詞語，後面課文儘量重複前面課文的語法點和生詞。

課本是學生學習的範本。雖然這是一套閱讀教材，但我們編寫時仍是如履薄冰，戰戰兢兢，絲毫不敢大意。我們力求做到每篇課文主題明確、內容生動；思路清晰、論述合理；而且特別注意用詞規範、標點準確；語句通順、行文流暢。其實這五十篇課文涵蓋文化內容多、跨越難易幅度大，加之課文字數及生詞量的限制，撰寫起來並不容易。

現在美國的中學已經開始中文AP課程了，中文AP課程強調學生在學習中文的同時瞭解中國文化，我們在編寫這套教材時就特別注重語言實踐和文化體認相結合。

為了準確地表現中國傳統文化和現代文化，我們在撰寫課文時，凡是涉及到古文的都對照了原文，並且在課文後附錄了原文，標明了出處；凡是闡述現代社會問題的都查閱了文獻，核實了相關的資訊，諸如年代、數字等等。

本教材编写宗旨是：通过一系列知识性和趣味性的课文，开阔学生学习中文的空间；激发学生学习中文的兴趣；提高学生阅读中文的水平；增强学生理解中国文化的能力。我们希望这套系列阅读教材，对于参加中文AP课程的中学生和选修中文课的大学生以及自学中文的人都能有所帮助。

　　我们感谢波士顿剑桥出版社给我们这次机会编写这套教材，感谢王冰小姐为本书编辑做了大量的工作。我们还特别感谢何剑先生为本书绘制了一系列精美的插图。由于我们水平有限，错误之处还请老师和同学指正。

黄伟嘉　敖群　2014年6月于波士顿

本教材編寫宗旨是：通過一系列知識性和趣味性的課文，開闊學生學習中文的空間；激發學生學習中文的興趣；提高學生閱讀中文的水平；增強學生理解中國文化的能力。我們希望這套系列閱讀教材，對於參加中文AP課程的中學生和選修中文課的大學生以及自學中文的人都能有所幫助。

　　我們感謝波士頓劍橋出版社給我們這次機會編寫這套教材，感謝王冰小姐為本書編輯做了大量的工作。我們還特別感謝何劍先生為本書繪製了一系列精美的插圖。由於我們水平有限，錯誤之處還請老師和同學指正。

　　　　　　黃偉嘉　敖群　2014年6月於波士頓

✦ 词类简称表 ✦
✦ 詞類簡稱表 ✦

Abbreviations of Parts of Speech

Part of Speech	English Definition	Simplified Characters	Traditional Characters	Pinyin
n.	noun	名词	名詞	míngcí
v.	verb	动词	動詞	dòngcí
aux.	auxiliary verb	助动词	助動詞	zhùdòngcí
vo.	verb-object	动宾词组	動宾詞组	dòngbīncízǔ
vc.	verb complement structure	动补结构	動補結构	dòngbǔjiégòu
adj.	adjective	形容词	形容詞	xíngróngcí
pn.	pronoun	代词	代詞	dàicí
m.	measure word	量词	量詞	liàngcí
num.	numeral	数词	數詞	shùcí
adv.	adverb	副词	副詞	fùcí
prep.	preposition	介词	介詞	jiècí
prep…o.	preposition-object	介词结构	介詞結構	jiècíjiégòu
conj.	conjunction	连词	連詞	liáncí
par.	particle	助词	助詞	zhùcí

Part of Speech	English Definition	Simplified Characters	Traditional Characters	Pinyin
int.	interjection	叹词	嘆詞	tàncí
id.	idioms	成语	成語	chéngyǔ
prn.	proper noun	专用名词	專用名詞	zhuànyòng-míngcí
ce.	common expression	常用语	常用語	chángyòngyǔ

一

◆ 坐看云起时 ◆
◆ 坐看雲起時 ◆

Watching the Clouds Go By

云是飘浮在天上的，虽然我们每天都看得到它，但是摸不到。摸不到不是因为它高高在上，而是因为云是一种水汽，是聚集在一起的水汽，所以即便你在高山之上，云雾之中，也无法把它捧在手中，揣在怀里。这种聚集在一起的水汽接近地面时叫做"雾"，升到天空中叫"云"。因此人们常常把它们连起来说，例如："云雾缭绕"、"腾云驾雾"、"云消雾散"、"拨开云雾见青天"等等。

古时候人们十分喜欢看云，唐朝诗人王维有一首诗说"行到水穷处，坐看云起时"。意思是诗人沿着山涧登山，走到水流消失之处，坐下来看身边飘起的白云。在中国古代，许多地方都有专门看云的观云台、望云亭等。

为什么古人喜欢看云呢？因为云能给人们带来一种美的享受。一片片的白云在蓝天里伸展卷曲、变幻多端，时而像朵朵繁花，时而似层层鱼鳞，时而如缕缕银丝，为广袤无际的天空增添了许多生动和妩媚。尤其清晨、傍晚时分，绚丽多彩的云霞把天空渲染得一片灿烂光辉。

云还能给人们一种启发，古人说你静静地看那些来去无踪、如梦似幻的云，看久了就会有一些遐想，会悟出一些人生哲理。古人喜欢的不止是云舒卷自如、婀娜多姿的形状，更喜欢云无拘无束、无所欲求的性格。

雲是飄浮在天上的，雖然我們每天都看得到它，但是摸不到。摸不到不是因為它高高在上，而是因為雲是一種水汽，是聚集在一起的水汽，所以即便你在高山之上，雲霧之中，也無法把它捧在手中，揣在懷裡。這種聚集在一起的水汽接近地面時叫做"霧"，昇到天空中叫"雲"。因此人們常常把它們連起來說，例如："雲霧繚繞"、"騰雲駕霧"、"雲消霧散"、"撥開雲霧見青天"等等。

古時候人們十分喜歡看雲，唐朝詩人王維有一首詩說"行到水窮處，坐看雲起時"。意思是詩人沿著山澗登山，走到水流消失之處，坐下來看身邊飄起的白雲。在中國古代，許多地方都有專門看雲的觀雲臺、望雲亭等。

為什麼古人喜歡看雲呢？因為雲能給人們帶來一種美的享受。一片片的白雲在藍天裡伸展捲曲、變幻多端，時而像朵朵繁花，時而似層層魚鱗，時而如縷縷銀絲，為廣袤無際的天空增添了許多生動和嫵媚。尤其清晨、傍晚時分，絢麗多彩的雲霞把天空渲染得一片燦爛光輝。

雲還能給人們一種啟發，古人說你靜靜地看那些來去無蹤、如夢似幻的雲，看久了就會有一些遐想，會悟出一些人生哲理。古人喜歡的不止是雲舒卷自如、婀娜多姿的形狀，更喜歡雲無拘無束、無所欲求的性格。

晋代诗人陶渊明说："云无心以出岫，鸟倦飞而知还"，这句话表面上说云从深山中飘浮出来是无心之行，鸟儿飞累了知道要回窝。实际上是说自己出来做官就像山中飘浮出来的云一样，并非本意；如今像倦飞的鸟一样要辞官回家，归隐深山。唐代诗人焦郁在《白云向空尽》诗中说："白云升远岫，摇曳入晴空。乘化随舒卷，无心任始终。"把它翻译成现代汉语就是，白云从远山中升起，摇摇摆摆飘向晴空。无拘无束伸展卷曲，无所欲求任其生灭。

云原本是一种自然现象，无思维，亦无性格，是古人据其特性赋予了它一种性格，并以此作为当时人们的一种行为准则。古人总是喜欢把自己的思想加在植物、动物，甚至自然现象之上，就像前一本书里的"花儿与花语"一样。

晉代詩人陶淵明說："雲無心以出岫，鳥倦飛而知還"，這句話表面上說雲從深山中飄浮出來是無心之行，鳥兒飛累了知道要回窩。實際上是說自己出來做官就像山中飄浮出來的雲一樣，並非本意；如今像倦飛的鳥一樣要辭官回家，歸隱深山。唐代詩人焦郁在《白雲向空盡》詩中說："白雲昇遠岫，搖曳入晴空。乘化隨舒卷，無心任始終。"把它翻譯成現代漢語就是，白雲從遠山中昇起，搖搖擺擺飄向晴空。無拘無束伸展捲曲，無所欲求任其生滅。

雲原本是一種自然現象，無思維，亦無性格，是古人據其特性賦予了它一種性格，並以此作為當時人們的一種行為準則。古人總是喜歡把自己的思想加在植物、動物，甚至自然現象之上，就像前一本書裡的"花兒與花語"一樣。

Simplified Characters	Traditional Characters	Pinyin	Part of Speech	English Definition
1. 飘浮	飄浮	piāofú	v.	float
2. 水汽	水汽	shuǐqì	n.	water vapor
3. 捧	捧	pěng	v.	hold or carry in both hands
4. 揣	揣	chuāi	v.	hold sth. in one's clothes
5. 怀	懷	huái	n.	chest; bosom
6. 聚集	聚集	jùjí	v.	gather; collect
7. 拨开	撥開	bōkāi	v.	to move (sth.) aside
8. 青天	青天	qīngtiān	n.	blue sky
9. 穷	窮	qióng	adj.	end (of a thing)
10. 伸展卷曲	伸展捲曲	shēnzhǎn-juǎnqū	v.	stretch and curl
11. 变幻多端	變幻多端	biànhuàn-duōduān	id.	change irregularly
12. 时而	時而	shí'ér	adv.	sometimes
13. 鱼鳞	魚鱗	yúlín	n.	fish scale

	Simplified Characters	Traditional Characters	Pinyin	Part of Speech	English Definition
14.	缕	縷	lǚ	n.	thread (measure word for long, thin and soft materials, such as silk, wire.)
15.	广袤	廣袤	guǎngmào	adj.	vast; immense
16.	妩媚	嫵媚	wǔmèi	adj.	lovely; charming
17.	绚丽多彩	絢麗多彩	xuànlì-duōcǎi	id.	gorgeous; magnificent
18.	云霞	雲霞	yúnxiá	n.	rosy clouds
19.	渲染	渲染	xuànrǎn	v.	apply colors to a drawing; exaggerate
20.	光辉	光輝	guānghuī	n.	brilliance; glory
21.	启发	啟發	qǐfā	v.	inspire; enlighten
22.	来去无踪	來去無蹤	láiqù-wúzōng	id.	come and go into thin air
23.	如梦如幻	如夢如幻	rúmèng-rúhuàn	id.	dreamy
24.	遐想	遐想	xiáxiǎng	v.	daydream
25.	悟	悟	wù	v.	realize; awaken; comprehend
26.	哲理	哲理	zhélǐ	n.	philosophic theory; philosophy
27.	舒卷自如	舒卷自如	shūjuǎnzìrú	id.	roll back and forth freely
28.	婀娜多姿	婀娜多姿	ē'nuóduōzī	id.	beautifully and gracefully
29.	无拘无束	無拘無束	wújūwúshù	id.	unrestrained; unconstrained; carefree

Simplified Characters	Traditional Characters	Pinyin	Part of Speech	English Definition
30. 无所欲求	無所欲求	wúsuǒyùqiú	*id.*	there is no desire
31. 无心	無心	wúxīn	*adv.*	not be in the mood for; not intentionally
32. 以	以	yǐ	*conj.*	and
33. 岫	岫	xiù	*n.*	cave; hill
34. 倦	倦	juàn	*adj.*	weary; tired
35. 并非	並非	bìngfēi	*adv.*	really not
36. 辞官	辭官	cíguān	*vo.*	resign from a government official position
37. 归隐	歸隱	guīyǐn	*v.*	keep away from people; seclude oneself
38. 摇曳	搖曳	yáoyè	*v.*	flicker; sway
39. 晴空	晴空	qíngkōng	*n.*	clear sky; cloudless sky
40. 乘化	乘化	chénghuà	*v.*	along with the natural
41. 随	隨	suí	*v.*	follow
42. 任	任	rèn	*v.*	allow; give free rein to; not care about
43. 始终	始終	shǐzhōng	*n.*	from beginning to end; start and finish
44. 摇摆	搖擺	yáobǎi	*v.*	swing; sway
45. 生灭	生滅	shēngmiè	*n.*	life and death
46. 思维	思維	sīwéi	*n.*	thought; thinking
47. 特性	特性	tèxìng	*n.*	characteristic

	Simplified Characters	Traditional Characters	Pinyin	Part of Speech	English Definition
48.	赋予	賦予	fùyǔ	v.	endow with
49.	行为	行為	xíngwéi	n.	behavior
50.	准则	準則	zhǔnzé	n.	norm; standard

✦ 常用的有关云的成语 ✦
✦ 常用的有關雲的成語 ✦

Common Related Words and Phrases

	Simplified Characters	Traditional Characters	Pinyin	Part of Speech	English Definition
1.	云雾缭绕	雲霧繚繞	yúnwù-liáorào	id.	clouds curling up and winding around
2.	云消雾散	雲消霧散	yúnxiāo-wùsàn	id.	the clouds dissipate and the mists disperse (sth. abstract vanishes)
3.	腾云驾雾	騰雲駕霧	téngyún-jiàwù	id.	mount the clouds and ride the mist across the sky
4.	风云变幻	風雲變幻	fēngyún-biànhuàn	id.	a change in the wind
5.	翻云覆雨	翻雲覆雨	fānyúnfùyǔ	id.	produce clouds with one turn of the hand and rain with another (to have absolute control)
6.	愁云惨雾	愁雲慘霧	chóuyún-cǎnwù	id.	gathering clouds and rolling mists; take on a miserable or worried appearance (clouds pass over someone's face)
7.	耸入云霄	聳入雲霄	sǒngrù-yúnxiāo	id.	reaching to the sky

Simplified Characters	Traditional Characters	Pinyin	Part of Speech	English Definition
8. 烟消云散	煙消雲散	yānxiāo-yúnsàn	*id.*	vanish like mist and smoke
9. 九霄云外	九霄雲外	jiŭxiāo-yúnwài	*id.*	beyond the highest heavens
10. 风起云涌	風起雲湧	fēngqǐ-yúnyǒng	*id.*	like a rising wind and churning clouds (create a storm around sth.)
11. 过眼云烟	過眼雲煙	guòyǎn-yúnyān	*id.*	as transient as a fleeting cloud
12. 叱咤风云	叱吒風雲	chìzhà-fēngyún	*id.*	commanding the wind and the clouds; all-powerful
13. 风卷残云	風捲殘雲	fēngjuǎn-cányún	*id.*	a strong wind scattering the last clouds (make a clean sweep of sth.)

	练习	
	Exercises	

一、连接意思相关的词语
Link the related words.

....

1. 伸展		多端
2. 绚丽		欲求
3. 广袤		多姿
4. 婀娜		无际
5. 无所		多彩
6. 变幻		卷曲

練習	
Exercises	

一、連接意思相關的詞語
Link the related words.

1. 伸展   多端

2. 絢麗   欲求

3. 廣袤   多姿

4. 婀娜   無際

5. 無所   多彩

6. 變幻   捲曲

二、选择适当的词语填空

Choose the most appropriate phrase to complete the sentence.

1. 在高山之上，当一片片的白云从脚下升起，从身边飘过的时候，你就会有一种_____的感觉。

    a. 腾云驾雾   b. 云消雾散   c. 高耸入云

2. 一朵朵的白云在蓝天里伸展卷曲、_____，为广袤无际的天空增添了许多生动和妩媚。

    a. 云雾缭绕   b. 变幻多端   c. 无所欲求

3. 古人喜欢的不只是云舒卷自如、婀娜多姿的形状，更喜欢云_____、无所欲求的性格。

    a. 绚丽多彩   b. 无拘无束   c. 如梦似幻

4. 白云伸展卷曲、变幻多端，时而像_____繁花，时而似_____鱼鳞，时而如_____银丝。

    a. 缕缕…朵朵…片片

    b. 片片…缕缕…朵朵

    c. 朵朵…片片…缕缕

二、選擇適當的詞語填空

Choose the most appropriate phrase to complete the sentence.

1. 在高山之上，當一片片的白雲從腳下昇起，從身邊飄過的時候，你就會有一種_____的感覺。
   a. 騰雲駕霧　b. 雲消霧散　c. 高聳入雲

2. 一朵朵的白雲在藍天裡伸展捲曲_____，為廣袤無際的天空增添了許多生動和嫵媚。
   a. 雲霧繚繞　b. 變幻多端　c. 無所欲求

3. 古人喜歡的不止是雲舒卷自如、婀娜多姿的形狀，更喜歡雲_____、無所欲求的性格。
   a. 絢麗多彩　b. 無拘無束　c. 如夢似幻

4. 白雲伸展捲曲、變幻多端，時而像_____繁花，時而似_____魚鱗，時而如_____銀絲。
   a. 縷縷…朵朵…片片
   b. 片片…縷縷…朵朵
   c. 朵朵…片片…縷縷

三、找出正确的答案
Choose the correct answer.

....

1. 为什么人们无法把云捧在手中，揣在怀里？
    a. 因为云是聚集的水汽。
    b. 因为云从深山中出来。
    c. 因为云总是高高在上。

2. 为什么古人喜欢看云？
    a. 因为云是从山里飘浮出来的水汽。
    b. 因为云在天上看得到但是摸不着。
    c. 因为云给人们带来一种美的享受。

3. 古人喜欢云的形状还是性格？
    a. 古人喜欢云的形状但是不喜欢云的性格。
    b. 古人不只喜欢云的形状更喜欢云的性格。
    c. 古人不喜欢云的形状但是喜欢云的性格。

4. 古人认为云的性格是
    a. 无拘无束、无所欲求。
    b. 来去无踪、如梦似幻。
    c. 舒卷自如、婀娜多姿。

三、找出正確的答案

Choose the correct answer.

1. 為什麼人們無法把雲捧在手中，揣在懷裡？
    a. 因為雲是聚集的水汽。
    b. 因為雲從深山中出來。
    c. 因為雲總是高高在上。

2. 為什麼古人喜歡看雲？
    a. 因為雲是從山裡飄浮出來的水汽。
    b. 因為雲在天上看得到但是摸不著。
    c. 因為雲給人們帶來一種美的享受。

3. 古人喜歡雲的形狀還是性格？
    a. 古人喜歡雲的形狀但是不喜歡雲的性格。
    b. 古人不只喜歡雲的形狀更喜歡雲的性格。
    c. 古人不喜歡雲的形狀但是喜歡雲的性格。

4. 古人認為雲的性格是
    a. 無拘無束、無所欲求。
    b. 來去無蹤、如夢似幻。
    c. 舒卷自如、婀娜多姿。

四、思考问题，说说你的看法

Think about the questions and talk about your perspective.

1. 古人为什么喜欢看云？

2. 请描述一下你所见过的云的各种形状。

3. 你看云的时候有什么样的感受？

四、思考問題，說說你的看法
Think about the questions and talk about your perspective.

1. 古人為什麼喜歡看雲？

2. 請描述一下你所見過的雲的各種形狀。

3. 你看雲的時候有什麼樣的感受？

二

◆ 婚姻的历程 ◆
◆ 婚姻的歷程 ◆

The Evolution of Marriage

在很早以前，原始社会初期，人们没有"婚姻"这个概念。据人类学家考证，婚姻最早出现在原始社会中晚期的母系氏族公社，从母系氏族公社到今天，在漫长的岁月里，人们的婚姻经历了"群婚"、"对偶婚"、"单偶婚"等不同的阶段。

"群婚"是最早的婚姻形式，是一个氏族的一群男子与另一个氏族的一群女子集体互相通婚，这些男女间没有固定的配偶，但必须是与本氏族以外的人通婚。

"对偶婚"是群婚中的一男一女在或长或短的时间内形成的相对稳定的配偶关系，男方只是到女方家过夜，不负任何家庭责任，孩子由女方抚养。对偶婚是在群婚的基础上发展起来的，是由群婚向单偶婚过渡的一种婚姻形式。

"单偶婚"是严格而固定的一夫一妻制婚姻，是在对偶婚的基础上逐渐稳定下来的婚姻形式，单偶婚大约出现在原始社会末期私有制产生之后的父系氏族公社。

尽管在原始社会末期就已经出现了固定的一夫一妻的单偶婚制度，但是在其后的四五千年里，世界上很多国家还存在着一夫多妻的现象。

在古代中国，每一个皇帝都有皇后、妃子、宫女等许多女人。那时候不管是官府里的人，还是普通老百姓，只要有钱就可以娶两个或更多的女人。

在很早以前，原始社會初期，人們沒有“婚姻”這個概念。據人類學家考證，婚姻最早出現在原始社會中晚期的母系氏族公社，從母系氏族公社到今天，在漫長的歲月裡，人們的婚姻經歷了“群婚”、“對偶婚”、“單偶婚”等不同的階段。

“群婚”是最早的婚姻形式，是一個氏族的一群男子與另一個氏族的一群女子集體互相通婚，這些男女間沒有固定的配偶，但必須是與本氏族以外的人通婚。

“對偶婚”是群婚中的一男一女在或長或短的時間內形成的相對穩定的配偶關係，男方只是到女方家過夜，不負任何家庭責任，孩子由女方撫養。對偶婚是在群婚的基礎上發展起來的，是由群婚向單偶婚過渡的一種婚姻形式。

“單偶婚”是嚴格而固定的一夫一妻制婚姻，是在對偶婚的基礎上逐漸穩定下來的婚姻形式，單偶婚大約出現在原始社會末期私有制產生之後的父系氏族公社。

儘管在原始社會末期就已經出現了固定的一夫一妻的單偶婚制度，但是在其後的四五千年裡，世界上很多國家還存在著一夫多妻的現象。

在古代中國，每一個皇帝都有皇后、妃子、宮女等許多女人。那時候不管是官府裡的人，還是普通老百姓，只要有錢就可以娶兩個或更多的女人。

人们把最先娶的女人叫"妻"，把后来纳的女人叫"妾"，这种情形从先秦一直延续到清末。现代汉语里的"三妻四妾"、"妻妾成群"以及"姨太太"、"小老婆"等词语都是从前一夫多妻留下的痕迹。

1930年民国政府制定法律，实行一夫一妻制，明令禁止纳妾，但是民间纳妾之风气依然盛行。1949年中华人民共和国成立，随后颁布《婚姻法》，禁止一夫多妻，明确规定任何人同时有两个或两个以上的配偶都是非法的，属于重婚罪。

现在世界上除了极少数几个国家外，绝大多数国家都禁止一夫多妻或者一妻多夫。纵观人类发展史，要做到男女平等，家庭幸福，社会稳定，只有实行一夫一妻的婚姻制度，这也是人类社会的最终选择。从原始社会的群婚到今天的一夫一妻，人类社会一步步地从落后走向进步，从愚昧走向文明。

人們把最先娶的女人叫"妻"，把後來納的女人叫"妾"，這種情形從先秦一直延續到清末。現代漢語裡的"三妻四妾"、"妻妾成群"以及"姨太太"、"小老婆"等詞語都是從前一夫多妻留下的痕跡。

1930年民國政府制定法律，實行一夫一妻制，明令禁止納妾，但是民間納妾之風氣依然盛行。1949年中華人民共和國成立，隨後頒佈《婚姻法》，禁止一夫多妻，明確規定任何人同時有兩個或兩個以上的配偶都是非法的，屬於重婚罪。

現在世界上除了極少數幾個國家外，絕大多數國家都禁止一夫多妻或者一妻多夫。縱觀人類發展史，要做到男女平等，家庭幸福，社會穩定，只有實行一夫一妻的婚姻制度，這也是人類社會的最終選擇。從原始社會的群婚到今天的一夫一妻，人類社會一步步地從落後走向進步，從愚昧走向文明。

New Vocabulary

Simplified Characters	Traditional Characters	Pinyin	Part of Speech	English Definition
1. 历程	歷程	lìchéng	*n.*	progress
2. 原始	原始	yuánshǐ	*adj.*	original; primitive
3. 概念	概念	gàiniàn	*n.*	concept; conception
4. 人类学	人類學	rénlèixué	*n.*	anthropology
5. 考证	考證	kǎozhèng	*v.*	prove through textual evidence
6. 漫长	漫長	màncháng	*adj.*	very long
7. 岁月	歲月	suìyuè	*n.*	time and age
8. 群婚	群婚	qúnhūn	*n.*	communal marriage
9. 对偶婚	對偶婚	duì'ǒuhūn	*n.*	dual marriage
10. 单偶婚	單偶婚	dān'ǒuhūn	*n.*	monogamy
11. 阶段	階段	jiēduàn	*n.*	phase
12. 集体	集體	jítǐ	*n.*	collective
13. 通婚	通婚	tōnghūn	*v.*	be (or become) related by marriage; intermarry

	Simplified Characters	Traditional Characters	Pinyin	Part of Speech	English Definition
14.	固定	固定	gùdìng	*adj.*	fixed
15.	配偶	配偶	pèi'ǒu	*n.*	spouse
16.	相对	相對	xiāngduì	*adv.*	relatively; comparatively
17.	稳定	穩定	wěndìng	*adj.*	stable; steady
18.	过夜	過夜	guòyè	*v.*	stay overnight
19.	抚养	撫養	fǔyǎng	*v.*	foster; bring up
20.	过渡	過渡	guòdù	*v.*	to transition; evolve into
21.	严格	嚴格	yángé	*adj.*	strict
22.	一夫一妻制	一夫一妻制	yīfūyīqīzhì	*n.*	monogyny; monogamy
23.	私有制	私有制	sīyǒuzhì	*n.*	private ownership
24.	制度	制度	zhìdù	*n.*	system; institution
25.	皇后	皇后	huánghòu	*n.*	queen
26.	妃子	妃子	fēizi	*n.*	imperial concubine
27.	宫女	宮女	gōngnǔ	*n.*	a maid in an imperial palace
28.	官府	官府	guānfǔ	*n.*	local authorities; feudal official
29.	纳妾	納妾	nàqiè	*v.*	take a concubine
30.	妾	妾	qiè	*n.*	concubine
31.	延续	延續	yánxù	*v.*	continue; carry on
32.	痕迹	痕迹	hénjì	*n.*	mark; trace

Simplified Characters	Traditional Characters	Pinyin	Part of Speech	English Definition
33. 民国政府	民國政府	mínguó-zhèngfǔ	n.	the Republic of China government (1912-1949)
34. 制定	制定	zhìdìng	v.	enact; set up
35. 法律	法律	fǎlǜ	n.	law; statute
36. 实行	實行	shíxíng	v.	put into practice; carry out
37. 明令	明令	mínglìng	v.	explicit order; public proclamation
38. 禁止	禁止	jìnzhǐ	v.	prohibit; ban
39. 民间	民間	mínjiān	n.	among the people
40. 风气	風氣	fēngqì	n.	atmosphere; morale
41. 依然	依然	yīrán	adv.	still; as before
42. 盛行	盛行	shèngxíng	v.	be popular; be in vogue
43. 随后	隨後	suíhòu	adv.	soon afterwards
44. 颁布	頒佈	bānbù	v.	issue; announce
45. 明确	明確	míngquè	adj.	clear and definite; explicit
46. 非法	非法	fēifǎ	adj.	unlawful; illicit
47. 属于	屬於	shǔyú	v.	belong to; be part of
48. 重婚	重婚	chónghūn	n.	bigamy
49. 纵观	縱觀	zòngguān	v.	thoroughly observe
50. 愚昧	愚昧	yúmèi	adj.	ignorant; benighted

	Simplified Characters	Traditional Characters	Pinyin	Part of Speech	English Definition
1.	原始社会	原始社會	yuánshǐ-shèhuì	n.	primitive society
2.	母系氏族公社	母系氏族公社	mǔxìshìzú-gōngshè	n.	matriarchal society
3.	父系氏族公社	父系氏族公社	fùxìshìzú-gōngshè	n.	patrilineal society
4.	奴隶制社会	奴隸制社會	núlìzhì-shèhuì	n.	slave society
5.	私有制社会	私有制社會	sīyǒuzhì-shèhuì	n.	society with private ownership
6.	封建社会	封建社會	fēngjiàn-shèhuì	n.	feudal society
7.	半封建半殖民地社会	半封建半殖民地社會	bànfēngjiàn-bànzhímín-dìshèhuì	n.	semi-feudal and semi-colonial society

Simplified Characters	Traditional Characters	Pinyin	Part of Speech	English Definition
8. 资本主义社会	資本主義社會	zīběnzhǔ-yìshèhuì	n.	capitalist society
9. 社会主义社会	社會主義社會	shèhuìzhǔ-yìshèhuì	n.	socialist society
10. 共产主义社会	共產主義社會	gòngchǎn-zhǔyìshèhuì	n.	communist society

练习	
Exercises	

一、连接意思相关的词语
Link the related words.

....

1. 婚姻   进步

2. 氏族   文明

3. 原始   配偶

4. 落后   公社

5. 官府   现代

6. 愚昧   百姓

一、連接意思相關的詞語
Link the related words.

1. 婚姻   進步

2. 氏族   文明

3. 原始   配偶

4. 落後   公社

5. 官府   現代

6. 愚昧   百姓

二、选择合适的词语填空

Choose the most appropriate phrase to complete the sentence.

1. 从原始社会的群婚到今天的一夫一妻，人类社会一步步地_____落后_____进步，_____愚昧_____文明。
   a. 带…走向…带…走向
   b. 跟…走向…跟…走向
   c. 从…走向…从…走向

2. 政府制定法律，实行一夫一妻制，明令禁止纳妾，_____民间纳妾之风气_____盛行。
   a. 即便…仍然
   b. 但是…依然
   c. 不过…当然

3. 纵观人类发展史，_____做到男女平等、家庭幸福，社会稳定，_____实行一夫一妻的婚姻制度，这_____是人类社会的最终选择。
   a. 要…只有…才
   b. 要…为了…才
   c. 要…因为…就

二、選擇合適的詞語填空

Choose the most appropriate phrase to complete the sentence.

1. 從原始社會的群婚到今天的一夫一妻，人類社會一步步地_____落後_____進步，_____愚昧_____文明。
   a. 帶…走向…帶…走向
   b. 跟…走向…跟…走向
   c. 從…走向…從…走向

2. 政府制定法律，實行一夫一妻制，明令禁止納妾，_____民間納妾之風氣_____盛行。
   a. 即便…仍然
   b. 但是…依然
   c. 不過…當然

3. 縱觀人類發展史，_____做到男女平等、家庭幸福，社會穩定，_____實行一夫一妻的婚姻制度，這_____是人類社會的最終選擇。
   a. 要…只有…才
   b. 要…為了…才
   c. 要…因為…就

4. _____在原始社会末期_____已经出现了固定的一夫一妻的单偶婚制度，_____在其后的四五千年里，世界上很多国家_____存在着一夫多妻的现象。
   a. 尽管…还…但是…就
   b. 尽管…就…虽然…还
   c. 尽管…就…但是…还

三、选择正确的答案
Choose the correct answer.

1. 据人类学家考证，人们的婚姻经历了哪些阶段？
   a. 经历了"对偶婚"、"单偶婚"、"群婚"等阶段。
   b. 经历了"群婚"、"对偶婚"、"单偶婚"等阶段。
   c. 经历了"群婚"、"单偶婚"、"对偶婚"等阶段。

2. 什么是单偶婚？
   a. 单偶婚是严格而固定的一夫多妻制婚姻。
   b. 单偶婚是严格而固定的一妻多夫制婚姻。
   c. 单偶婚是严格而固定的一夫一妻制婚姻。

4. _____在原始社會末期_____已經出現了固定的一夫一妻的單偶婚制度，_____在其後的四五千年裡，世界上很多國家_____存在著一夫多妻的現象。

    a. 儘管…還…但是…就

    b. 儘管…就…雖然…還

    c. 儘管…就…但是…還

三、選擇正確的答案
Choose the correct answer.

1. 據人類學家考證，人們的婚姻經歷了哪些階段?

    a. 經歷了 "對偶婚"、"單偶婚"、"群婚" 等階段。

    b. 經歷了 "群婚"、"對偶婚"、"單偶婚" 等階段。

    c. 經歷了 "群婚"、"單偶婚"、"對偶婚" 等階段。

2. 什麼是單偶婚?

    a. 單偶婚是嚴格而固定的一夫多妻制婚姻。

    b. 單偶婚是嚴格而固定的一妻多夫制婚姻。

    c. 單偶婚是嚴格而固定的一夫一妻制婚姻。

3. 婚姻法规定什么样的情况属于重婚罪?

    a. 一个人同时有一个或一个以上的配偶属于重婚罪。

    b. 一个人一生有两个或两个以上的配偶属于重婚罪。

    c. 一个人同时有两个或两个以上的配偶属于重婚罪。

4. 以前什么样的人可以娶几个女人?

    a. 不管是官府里的人，还是普通老百姓，即便没有钱也能娶几个女人。

    b. 不管是官府里的人，还是普通老百姓，只要有钱就可以娶几个女人。

    c. 不管是官府里的人，还是普通老百姓，要是没有钱就得娶几个女人。

四、思考问题，说说你的看法

Think about the questions and talk about your perspective.

1. 为什么绝大多数国家都禁止一夫多妻制?

2. 为什么说一夫一妻的婚姻制度是人类社会从落后走向进步，从愚昧走向文明的标志?

3. 说说你对婚姻的看法。

3. 婚姻法規定什麼樣的情況屬於重婚罪？
   a. 一個人同時有一個或一個以上的配偶屬於重婚罪。
   b. 一個人一生有兩個或兩個以上的配偶屬於重婚罪。
   c. 一個人同時有兩個或兩個以上的配偶屬於重婚罪。

4. 以前什麼樣的人可以娶幾個女人？
   a. 不管是官府裡的人，還是普通老百姓，即便沒有錢也能娶幾個女人。
   b. 不管是官府裡的人，還是普通老百姓，只要有錢就可以娶幾個女人。
   c. 不管是官府裡的人，還是普通老百姓，要是沒有錢就得娶幾個女人。

四、思考問題，說說你的看法
Think about the questions and talk about your perspective.

1. 為什麼絕大多數國家都禁止一夫多妻制？

2. 為什麼說一夫一妻的婚姻制度是人類社會從落後走向進步，從愚昧走向文明的標誌？

3. 說說你對婚姻的看法。

三

◆ 中国古代神话 ◆
◆ 中國古代神話 ◆

Ancient Chinese Mythology

前几本书里有一些与神话有关的文章，例如："牛郎织女"、"后羿射日"、"嫦娥奔月"等等。什么是神话呢？神话是关于神仙或者神化的古代英雄的故事，是古代人民对自然现象和社会生活的一种天真的解释和美丽的向往。

神话早在远古时期就有了，那时候人们的科学知识非常贫乏，对自然界的认知水平十分低下，当他们遇到无法解释的自然现象和不可抗拒的灾害时，便依照自己的生活经验，加上推理和想象，编造出来了许多神话故事。

最典型的一个神话故事就是"女娲造人"。女娲造人是说天地开辟之初，世上本无人类，女娲用水把黄土和成泥，捏出一个一个的人来。当女娲捏累了的时候，她拿起一条绳子投入泥浆中，然后把绳子拉起来一甩，泥浆洒落在地上，变成了一个个的人。人们说女娲用手捏出来的是富人，用绳子甩出来的是穷人。

早期神话中有比较多的与大自然做斗争的内容，例如："精卫填海"、"愚公移山"、"后羿射日"、"夸父逐日"、"女娲补天"等等。精卫填海是说炎帝的小女儿到东海游玩，结果溺水而亡。死后变成一只小鸟，叫"精卫鸟"。精卫鸟每天从西山衔来石子和树枝投到东海里，要把东海填前幾本書裡有一些與神話有關的文章，例如："牛郎織女"、"後羿射日"、"嫦娥奔月"等等。什麼是神話呢？神話是關於神仙或者神化的古代英雄的故事，是古代人民對自然現象和社會生活的一種天真的解釋和美麗的嚮往。

神話早在遠古時期就有了，那時候人們的科學知識非常貧乏，對自然界的認知水平十分低下，當他們遇到無法解釋的自然現象和不可抗拒的災害時，便依照自己的生活經驗，加上推理和想像，編造出來了許多神話故事。

最典型的一個神話故事就是"女媧造人"。女媧造人是說天地開闢之初，世上本無人類，女媧用水把黃土和成泥，捏出一個一個的人來。當女媧捏累了的時候，她拿起一條繩子投入泥漿中，然後把繩子拉起來一甩，泥漿灑落在地上，變成了一個個的人。人們說女媧用手捏出來的是富人，用繩子甩出來的是窮人。

早期神話中有比較多的與大自然做鬥爭的內容，例如："精衛填海"、"愚公移山"、"后羿射日"、"夸父追日"、"女媧補天"等等。精衛填海是說炎帝的小女兒到東海遊玩，結果溺水而亡。死後變成一隻小鳥，叫"精衛鳥"。精衛鳥每天從西山銜來石子和樹枝投到東海裡，要把東海填平。愚公移山是说一个叫愚公的老人带领子孙每天挖山不止，要把挡在家门口的两座大山搬走。

为什么会有如此多的与大自然做斗争的神话呢？这是因为远古时期洪水、干旱、飓风、寒冷、酷热等自然灾害给人们造成了巨大的伤害。人们对大自然有一种恐惧，同时也有一种强烈的愿望，希望自己或者什么人具有超强的本领能战胜自然灾害，于是人们就编造出了一个又一个人定胜天的神话故事。

再后来，社会出现了私有制，产生了阶级。这时候人们除了自然灾害以外，还要面对社会上的种种邪恶，于是又有了一些与邪恶作斗争的神话故事。明清小说《西游记》中，孙悟空七十二变的本领，一个筋斗飞出十万八千里的能耐，以及他大闹天宫、征服妖魔的种种故事，表现的就是人们想要战胜邪恶，伸张正义的强烈意愿。

平。愚公移山是說一個叫愚公的老人帶領子孫每天挖山不止，要把擋在家門口的兩座大山搬走。

　　為什麼會有如此多的與大自然做鬥爭的神話呢？這是因為遠古時期洪水、乾旱、颶風、寒冷、酷熱等自然災害給人們造成了巨大的傷害。人們對大自然有一種恐懼，同時也有一種強烈的願望，希望自己或者什麼人具有超強的本領能戰勝自然災害，於是人們就編造出了一個又一個人定勝天的神話故事。

　　再後來，社會出現了私有制，產生了階級。這時候人們除了自然災害以外，還要面對社會上的種種邪惡，於是又有了一些與邪惡作鬥爭的神話故事。明清小說《西遊記》中，孫悟空七十二變的本領，一個筋斗飛出十萬八千里的能耐，以及他大鬧天宮、征服妖魔的種種故事，表現的就是人們想要戰勝邪惡，伸張正義的強烈意願。

New Vocabulary

Simplified Characters	Traditional Characters	Pinyin	Part of Speech	English Definition
1. 神话	神話	shénhuà	*n.*	mythology; myth
2. 神仙	神仙	shénxiān	*n.*	supernatural being; immortal
3. 神化	神化	shénhuà	*v.*	deify
4. 天真	天真	tiānzhēn	*adj.*	innocent; naive
5. 贫乏	貧乏	pínfá	*adj.*	poor; lacking
6. 自然界	自然界	zìránjiè	*n.*	natural world
7. 认知	認知	rènzhī	*v.*	acknowledge
8. 低下	低下	dīxià	*adj.*	(of status or living standards) low
9. 抗拒	抗拒	kàngjù	*v.*	resist; defy
10. 依照	依照	yīzhào	*v.*	according to; base on
11. 经验	經驗	jīngyàn	*n.*	experience
12. 推理	推理	tuīlǐ	*v.*	infer; deduce
13. 想象	想像	xiǎngxiàng	*v.*	imagine
14. 编造	編造	biānzào	*v.*	make up

	Simplified Characters	Traditional Characters	Pinyin	Part of Speech	English Definition
15.	典型	典型	diǎnxíng	*adj.*	typical
16.	开辟	開闢	kāipì	*v.*	open up; start; found
17.	和	和	huó	*v.*	mix (powder) with liquid
18.	捏	捏	niē	*v.*	knead
19.	绳子	繩子	shéngzi	*n.*	rope; string
20.	投入	投入	tóurù	*v.*	throw into
21.	泥浆	泥漿	níjiāng	*n.*	mud
22.	甩	甩	shuǎi	*v.*	toss
23.	洒落	灑落	sǎluò	*v.*	scatter
24.	斗争	鬥爭	dòuzhēng	*v.*	struggle; fight
25.	内容	內容	nèiróng	*n.*	content; substance
26.	溺水	溺水	nìshuǐ	*v.*	drown
27.	亡	亡	wáng	*v.*	die
28.	树枝	樹枝	shùzhī	*n.*	branch
29.	填平	填平	tiánpíng	*v.*	fill to level
30.	洪水	洪水	hóngshuǐ	*n.*	flood; floodwater
31.	干旱	乾旱	gānhàn	*adj.*	(of weather or soil) arid; dry
32.	寒冷	寒冷	hánlěng	*adj.*	cold; frigid
33.	酷热	酷熱	kùrè	*adj.*	extremely hot (weather)
34.	恐惧	恐懼	kǒngjù	*adj.*	feared; dreadful

	Simplified Characters	Traditional Characters	Pinyin	Part of Speech	English Definition
35.	强烈	強烈	qiángliè	*adj.*	strong; intense
36.	愿望	願望	yuànwàng	*n.*	desire; wish
37.	超强	超強	chāoqiáng	*adj.*	super strong
38.	本领	本領	běnlǐng	*n.*	skill; ability
39.	战胜	戰勝	zhànshèng	*v.*	defeat; overcome
40.	人定胜天	人定勝天	réndìng-shèngtiān	*id.*	man can conquer nature
41.	阶级	階級	jiējí	*n.*	(social) class
42.	面对	面對	miànduì	*v.*	face; confront
43.	邪恶	邪惡	xié'è	*adj.*	evil; vicious
44.	筋斗	筋斗	jīndǒu	*n.*	somersault; tumble (over)
45.	能耐	能耐	néngnài	*n.*	ability; capability
46.	征服	征服	zhēngfú	*v.*	conquer; subjugate
47.	妖魔	妖魔	yāomó	*n.*	evil spirit; demon
48.	伸张	伸張	shēnzhāng	*v.*	uphold; promote
49.	正义	正義	zhèngyì	*n.*	justice; righteousness
50.	意愿	意願	yìyuàn	*n.*	wish; desire

<table>
<tr><td></td><td colspan="6">♦ 常见的古代神话故事 ♦
♦ 常見的古代神話故事 ♦

Common Related Words and Phrases</td></tr>
</table>

	Simplified Characters	Traditional Characters	Pinyin	Part of Speech	English Definition
1.	精卫填海	精衛填海	Jīngwèi-tiánhǎi	*id.*	the mythical bird Jingwei tried to fill up the sea with pebbles (a symbol of dogged determination)
2.	愚公移山	愚公移山	Yúgōng-yíshān	*id.*	the Foolish Old Man removed the Mountains (persistence can move mountains)
3.	夸父逐日	夸父逐日	Kuāfù-zhúrì	*id.*	Kuafu raced the sun (to have persistent faith in oneself)
4.	女娲补天	女媧補天	Nǚwā-bǔtiān	*id.*	The goddess Nv Wa patched the sky
5.	盘古开天	盤古開天	Pángǔ-kāitiān	*id.*	Pan Gu created heaven and earth
6.	大禹治水	大禹治水	Dàyǔ-zhìshuǐ	*id.*	King Yu combated the flood
7.	叶公好龙	葉公好龍	Yègōng-hàolóng	*id.*	Lord Ye's love of dragons (professing love without understanding)

Simplified Characters	Traditional Characters	Pinyin	Part of Speech	English Definition
8. 神笔马良	神筆馬良	Shénbǐ-Mǎliáng	*id.*	The Magic Paintbrush
9. 八仙过海	八仙過海	Bāxiān-guòhǎi	*id.*	The Eight Immortals Crossing the Sea
10. 大闹天宫	大鬧天宮	Dà'nào-tiāngōng	*id.*	Uproar in Heaven
11. 哪吒闹海	哪吒鬧海	Nuózhà-nàohǎi	*id.*	Nezha Conquers The Dragon King
12. 南柯一梦	南柯一夢	Nánkē-yīmèng	*id.*	Nanke dream (from the story of a man who dreamed that he became governor of Nanke in the Kingdom of the Ants); illusory joy
13. 一枕黄粱	一枕黄粱	Yīzhěn-huángliáng	*id.*	Golden Millet Dream (a brief dream of grandeur)

一、连接意思相关的词语

Link the related words.

1. 造成   本领

2. 具有   邪恶

3. 伸张   伤害

4. 战胜   生活

5. 向往   故事

6. 编造   正义

練習

Exercises

一、連接意思相關的詞語

Link the related words.

....

1. 造成　　　　本領

2. 具有　　　　邪惡

3. 伸張　　　　傷害

4. 戰勝　　　　生活

5. 嚮往　　　　故事

6. 編造　　　　正義

二、选择合适的词语填空

Choose the most appropriate phrase to complete the sentence.

1. 女娲造人是说天地开辟之_____，世上_____无人类，女娲用水把黄土_____成泥，捏出一个一个的人来。
   a. 始…本…跟
   b. 初…就…和
   c. 初…本…和

2. 人们对大自然_____一种恐惧，同时_____一种强烈的愿望，希望自己或者什么人_____超强的本领能战胜自然灾害。
   a. 具有…有…也有
   b. 有…也有…具有
   c. 有…具有…还有

3. 这时候人们_____自然灾害以外，_____面对社会上的种种邪恶，_____又有了一些与邪恶斗争的神化故事。
   a. 除了…还能…所以
   b. 除了…还要…因为
   c. 除了…还要…于是

二、選擇合適的詞語填空

Choose the most appropriate phrase to complete the sentence.

1. 女媧造人是說天地開闢之_____，世上_____無
   人類，女媧用水把黃土_____成泥，捏出一個一
   個的人來。
   a. 始⋯本⋯跟
   b. 初⋯就⋯和
   c. 初⋯本⋯和

2. 人們對大自然_____一種恐懼，同時_____一種
   強烈的願望，希望自己或者什麼人_____超強的
   本領能戰勝自然災害。
   a. 具有⋯有⋯也有
   b. 有⋯也有⋯具有
   c. 有⋯具有⋯還有

3. 這時候人們_____自然災害以外，_____面對社
   會上的種種邪惡，_____又有了一些與邪惡鬥爭
   的神化故事。
   a. 除了⋯還能⋯所以
   b. 除了⋯還要⋯因為
   c. 除了⋯還要⋯於是

4. 那时候人们的科学_____非常贫乏，对自然界的认知_____十分低下，当他们遇到无法_____的自然现象时，编造出来了许多神话故事。

    a. 知识…水平…解释

    b. 水平…知识…解释

    c. 水平…解释…知识

三、选择正确的答案
Choose the correct answer.

1. 什么是神话？

    a. 神话是关于神仙或者神化的古代英雄的故事。

    b. 神话是关于神仙或者神化的现代英雄的故事。

    c. 神话是关于神仙或者神化的当代英雄的故事。

2. 为什么说神话是古代人民对自然现象和社会生活的一种天真的解释和美丽的向往？

    a. 因为古人生活经验很多，又有丰富的想象和推理，于是编造出一些神话故事。

    b. 因为古人科学知识贫乏，无法解释许多自然现象，于是编造出一些神话故事。

    c. 因为古人有强烈的愿望，要战胜自然灾害和邪恶，于是编造出一些神话故事。

4. 那時候人們的科學_____非常貧乏，對自然界的認知_____十分低下，當他們遇到無法_____的自然現象時，編造出來了許多神話故事。

    a. 知識…水平…解釋

    b. 水平…知識…解釋

    c. 水平…解釋…知識

三、選擇正確的答案

Choose the correct answer.

1. 什麼是神話？

    a. 神話是關於神仙或者神化的古代英雄的故事。

    b. 神話是關於神仙或者神化的現代英雄的故事。

    c. 神話是關於神仙或者神化的當代英雄的故事。

2. 為什麼說神話是古代人民對自然現象和社會生活的一種天真的解釋和美麗的嚮往？

    a. 因為古人生活經驗很多，又有豐富的想像和推理，於是編造出一些神話故事。

    b. 因為古人科學知識貧乏，無法解釋許多自然現象，於是編造出一些神話故事。

    c. 因為古人有強烈的願望，要戰勝自然災害和邪惡，於是編造出一些神話故事。

3. 为什么早期神话中有比较多的与大自然做斗争的内容？
   a. 因为远古时期社会上的邪恶给人们造成了巨大的伤害，人们希望能够战胜这些邪恶。
   b. 因为远古时期许多自然灾害给人们造成了巨大的伤害，人们无法解释这些自然灾害。
   c. 因为远古时期许多自然灾害给人们造成了巨大的伤害，人们希望能够战胜自然灾害。

4. 孙悟空的本领以及他大闹天宫的故事表现了什么？
   a. 表现了人们想要战胜种种邪恶的强烈意愿。
   b. 表现了人们想要战胜自然灾害的强烈意愿。
   c. 表现了人们想要解释自然现象的强烈意愿。

四、思考问题，说说你的看法

Think about the questions and talk about your perspective.

1. 为什么远古时期会有许多神话故事？

2. 有人说神话故事有一种自欺欺人的消极作用，你觉得呢？

3. 讲述你们国家的一个神话故事，并说明的它所表现的含义。

3. 為什麼早期神話中有比較多的與大自然做鬥爭的內容？
    a. 因為遠古時期社會上的邪惡給人們造成了巨大的傷害，人們希望能夠戰勝這些邪惡。
    b. 因為遠古時期許多自然災害給人們造成了巨大的傷害，人們無法解釋這些自然災害。
    c. 因為遠古時期許多自然災害給人們造成了巨大的傷害，人們希望能夠戰勝自然災害。

4. 孫悟空的本領以及他大鬧天宮的故事表現了什麼？
    a. 表現了人們想要戰勝種種邪惡的強烈意願。
    b. 表現了人們想要戰勝自然災害的強烈意願。
    c. 表現了人們想要解釋自然現象的強烈意願。

四、思考問題，說說你的看法
Think about the questions and talk about your perspective.

1. 為什麼遠古時期會有許多神話故事？

2. 有人說神話故事有一種自欺欺人的消極作用，你覺得呢？

3. 講述你們國家的一個神話故事，並說明它所表現的含義。

四

◆ 现代神话与科学幻想 ◆
◆ 現代神話與科學幻想 ◆

Modern Myths and Science Fiction

从前由于人们科学知识贫乏，自然界认知水平低下，于是出现了"女娲造人"、"女娲补天"、"后羿射日"等一些离奇古怪的神话。然而在科学技术高度发达的今天，人们仍然喜欢这些古代神话，不仅如此，人们还创作出了很多现代神话。

现代神话在表现手法上虽然与古代神话不一样，但是内容大同小异，都是探索自然界奥秘、战胜自然灾害以及扬善惩恶的。早期的有法国的《月球旅行记》，新近的有美国的《侏罗纪公园》、《独立日》、《超人》等等。

不过，现在的人们不把这些叫做神话了，而是称其为"科学幻想"。什么是科学幻想？科学幻想是依据科学技术的新发现、新成就，以及在此基础上可能达到的预见，用幻想的方式描述人类造成某些奇迹的故事。这些科学幻想故事虽然荒诞不经，但多少都还是有一些科学因素的，最典型的就是近几十年来特别流行的"穿越时空"的故事。

穿越时空是穿过时间和空间，返回以前的某个时代，或者飞越到若干年以后的某个时期。穿越时空的故事听起来像是痴人说梦，但是有人说，根据爱因斯坦的相对论，从理论上来讲，时间和空间是可以穿越的。这一类的故事有中国的《神话》，日本的《穿越时空的少女》，美国的《超时空接触》等等。

從前由於人們科學知識貧乏，自然界認知水平低下，於是出現了"女媧造人"、"女媧補天"、"后羿射日"等一些離奇古怪的神話。然而在科學技術高度發達的今天，人們仍然喜歡這些古代神話，不僅如此，人們還創作出了很多現代神話。

現代神話在表現手法上雖然與古代神話不一樣，但是內容大同小異，都是探索自然界奧秘、戰勝自然災害以及揚善懲惡的。早期的有法國的《月球旅行記》，新近的有美國的《侏羅紀公園》、《獨立日》、《超人》等等。

不過，現在的人們不把這些叫做神話了，而是稱其為"科學幻想"。什麼是科學幻想？科學幻想是依據科學技術的新發現、新成就，以及在此基礎上可能達到的預見，用幻想的方式描述人類造成某些奇跡的故事。這些科學幻想故事雖然荒誕不經，但多少都還是有一些科學因素的，最典型的就是近幾十年來特別流行的"穿越時空"的故事。

穿越時空是穿過時間和空間，返回以前的某個時代，或者飛越到若干年以後的某個時期。穿越時空的故事聽起來像是癡人說夢，但是有人說，根據愛因斯坦的相對論，從理論上來講，時間和空間是可以穿越的。這一類的故事有中國的《神話》，日本的《穿越時空的少女》，美國的《超時空接觸》等等。

其实，这类科学幻想在古代神话里已经有所表现，例如：两千多年前中国唐代志怪小说《南柯一梦》、《一枕黄粱》就有穿越时空的影子。而现在的科学幻想故事有的就像是古代神话的翻版，例如：美国的《星球大战》和孙悟空"大闹天宫"十分相似，里面具有神奇功能的人似乎是孙悟空的变形，那些威力巨大的武器就是金箍棒的另一种表现形式。

从人类由愚昧走向文明的历程来看，神话是发明创造的源泉和动力。以前人们幻想能像鸟一样地在空中飞翔，现在坐飞机上天已是平常之事；以前人们幻想能去月宫作客，如今宇宙飞船早已登上了月球。幻想，特别是科学幻想，可以开阔人们的思路，激发人们的探索精神，最终会让许多神话成为现实。

其實，這類科學幻想在古代神話裡已經有所表現，例如：兩千多年前中國唐代志怪小說《南柯一夢》、《一枕黃粱》就有穿越時空的影子。而現在的科學幻想故事有的就像是古代神話的翻版，例如：美國的《星球大戰》和孫悟空“大鬧天宮”十分相似，裡面具有神奇功能的人似乎是孫悟空的變形，那些威力巨大的武器就是金箍棒的另一種表現形式。

　　從人類由愚昧走向文明的歷程來看，神話是發明創造的源泉和動力。以前人們幻想能像鳥一樣地在空中飛翔，現在坐飛機上天已是平常之事；以前人們幻想能去月宮作客，如今太空船早已登上了月球。幻想，特別是科學幻想，可以開闊人們的思路，激發人們的探索精神，最終會讓許多神話成為現實。

New Vocabulary

	Simplified Characters	Traditional Characters	Pinyin	Part of Speech	English Definition
1.	幻想	幻想	huànxiǎng	n.	illusion; fantasy
2.	诸如	諸如	zhūrú	v.	such as
3.	离奇古怪	離奇古怪	líqígǔguài	id.	odd; bizarre
4.	科学技术	科學技術	kēxuéjìshù	n.	science and technology
5.	创作	創作	chuàngzuò	v.	create; produce
6.	表现手法	表現手法	biǎoxiàn-shǒufǎ	n.	manner of expression
7.	大同小异	大同小異	dàtóng-xiǎoyì	id.	alike except for slight differences
8.	探索	探索	tànsuǒ	v.	explore; probe
9.	奥秘	奧秘	àomì	n.	mystery; enigma
10.	扬善惩恶	揚善懲惡	yángshàn-chéng'è	id.	praise good deeds and punish evil
11.	新近	新近	xīnjìn	adv.	recently; lately
12.	侏罗纪	侏羅紀	zhūluójì	n.	Jurassic Period
13.	独立	獨立	dúlì	n./ adj.	independence; independent

	Simplified Characters	Traditional Characters	Pinyin	Part of Speech	English Definition
14.	超人	超人	chāorén	n.	Superman
15.	成就	成就	chéngjiù	n.	achievement; accomplishment
16.	基础	基礎	jīchǔ	n.	foundation; base
17.	预见	預見	yùjiàn	v.	foresee; predict
18.	描述	描述	miáoshù	v.	describe
19.	某些	某些	mǒuxiē	n.	some; certain
20.	奇迹	奇跡	qíjì	n.	miracle; wonder
21.	荒诞不经	荒誕不經	huāngdàn-bùjīng	id.	absurd; ridiculous
22.	多少	多少	duōshǎo	adv.	somewhat; certain
23.	因素	因素	yīnsù	n.	factor; element
24.	穿越	穿越	chuānyuè	v.	pass though; cut across
25.	空间	空間	kōngjiān	n.	space
26.	返回	返回	fǎnhuí	v.	return
27.	飞越	飛越	fēiyuè	v.	fly over
28.	若干	若干	ruògān	pn.	a certain number or amount
29.	痴人说梦	癡人說夢	chīrén-shuōmèng	id.	idiotic nonsense
30.	爱因斯坦	愛因斯坦	Aiyīnsītǎn	prn.	Einstein (1879.3.14-1955.4.18)
31.	相对论	相對論	xiāngduìlùn	n.	the Theory of Relativity
32.	理论	理論	lǐlùn	n.	theory

	Simplified Characters	Traditional Characters	Pinyin	Part of Speech	English Definition
33.	接触	接觸	jiēchù	v.	come into contact with; get in touch with
34.	志怪	志怪	zhìguài	adj.	strange and supernatural
35.	影子	影子	yǐngzi	n.	shadow; reflection
36.	翻版	翻版	fānbǎn	n.	reprint; reproduction
37.	孙悟空	孫悟空	SūnWùkōng	prn.	Monkey King
38.	神奇	神奇	shénqí	adj.	magical; mystical
39.	威力	威力	wēilì	adj.	power; might
40.	变形	變形	biànxíng	v.	deform; transform
41.	武器	武器	wǔqì	n.	weapons; arms
42.	金箍棒	金箍棒	jīngūbàng	n.	golden rod (a weapon used by the Monkey King in the novel *Pilgrimage to the West*)
43.	源泉	源泉	yuánquán	n.	source; fountainhead
44.	动力	動力	dònglì	n.	motivation; power
45.	飞翔	飛翔	fēixiáng	v.	circle in the air; hover
46.	平常	平常	píngcháng	adv.	common; ordinary
47.	宇宙	宇宙	yǔzhòu	n.	universe; cosmos
48.	飞船	飛船	fēichuán	n.	airship; spaceship
49.	激发	激發	jīfā	v.	arouse; stimulate
50.	现实	現實	xiànshí	n.	actuality

Common Related Words and Phrases

	Simplified Characters	Traditional Characters	Pinyin	Part of Speech	English Definition
1.	外星人	外星人	wàixīngrén	n.	*E.T. the Extra-Terrestrial*
2.	独立日	獨立日	dúlìrì	n.	*Independence Day*
3.	源代码	源代碼	yuándàimǎ	n.	*Source Code*
4.	阿凡达	阿凡達	āfándá	n.	*Avatar*
5.	侏罗纪公园	侏羅紀公園	zhūluójì-gōngyuán	n.	*Jurassic Park*
6.	夺命手机	奪命手機	duómìng-shǒujī	n.	*Echelon Conspiracy*
7.	星球大战	星球大戰	xīngqiú-dàzhàn	n.	*Star Wars*
8.	变形金刚	變形金剛	biànxíng-jīn'gāng	n.	*Transformers*
9.	无限太空	無限太空	wúxiàn-tàikōng	n.	*Star Trek*
10.	生命之树	生命之樹	shēngmìng-zhīshù	n.	*The Tree of Life*
11.	午夜巴黎	午夜巴黎	wǔyèBālí	n.	*Midnight in Paris*
12.	地心引力	地心引力	dìxīnyǐnlì	n.	*Gravity*

一、连接意思相关的词语
Link the related words.

1. 探索   奇迹

2. 飞越   文明

3. 开阔   奥秘

4. 走向   时空

5. 创作   神话

6. 创造   思路

練習	
Exercises	

一、連接意思相關的詞語
Link the related words.

1. 探索　　　奇跡

2. 飛越　　　文明

3. 開闊　　　奧秘

4. 走向　　　時空

5. 創作　　　神話

6. 創造　　　思路

二、选择合适的词语填空

Choose the most appropriate phrase to complete the sentence.

1. 这些科学幻想故事_____荒诞不经，_____多
   少都_____有一些科学因素的。
   a. 但是…虽然…还是
   b. 虽然…但是…还是
   c. 还是…虽然…但是

2. 科学幻想是_____科学技术的新发现，_____
   在此基础上可能达到的预见，用幻想的方式描
   述人类造成_____奇迹的故事。
   a. 依据…以及…某些
   b. 某些…依据…以及
   c. 以及…依据…某些

3. 从前人们科学知识贫乏，自然界认知水平低
   下，_____编造出很多离奇古怪的古代神话。
   _____在科学技术高度发达的今天人们_____
   喜欢这些古代神话。
   a. 于是…然而…仍然
   b. 于是…仍然…然而
   c. 仍然…然而…于是

二、選擇合適的詞語填空

Choose the most appropriate phrase to complete the sentence.

1. 這些科學幻想故事_____荒誕不經，_____多少都_____有一些科學因素的。
   a. 但是…雖然…還是
   b. 雖然…但是…還是
   c. 還是…雖然…但是

2. 科學幻想是_____科學技術的新發現，_____在此基礎上可能達到的預見，用幻想的方式描述人類造成_____奇跡的故事。
   a. 依據…以及…某些
   b. 某些…依據…以及
   c. 以及…依據…某些

3. 從前人們科學知識貧乏，自然界認知水平低下，_____編造出很多離奇古怪的古代神話。_____在科學技術高度發達的今天人們_____喜歡這些古代神話。
   a. 於是…然而…仍然
   b. 於是…仍然…然而
   c. 仍然…然而…於是

4. _____人们幻想能像鸟一样地在空中飞翔，
   _____坐飞机上天已是平常之事；_____人们幻想
   能去月宫作客，_____宇宙飞船早已登上了月球。
   a. 现在…以前…以前…如今
   b. 以前…如今…现在…以前
   c. 以前…现在…以前…如今

三、选择正确的答案
Choose the correct answer.

1. 什么是穿越时空？
   a. 是穿过时间和空间，返回以前的这个时代，
      或者飞越到若干年以后的那个时期。
   b. 是穿过时间和空间，返回以前的某个时代，
      或者飞越到若干年以后的某个时期。
   c. 是穿过时间和空间，返回以前的哪个时代，
      或者飞越到若干年以后的哪个时期。

2. 为什么人们把现代神话称为科学幻想？
   a. 因为这些现代神话虽然内容上荒诞不经，但
      是有肯定的科学因素。
   b. 因为这些现代神话虽然内容上荒诞不经，但
      是有否定的科学因素。
   c. 因为这些现代神话虽然内容上荒诞不经，但
      是有一定的科学因素。

4. _____人們幻想能像鳥一樣地在空中飛翔，
_____坐飛機上天已是平常之事；_____人們幻想
能去月宮作客，____ 太空船早已登上了月球。
   a. 現在…以前…以前…如今
   b. 以前…如今…現在…以前
   c. 以前…現在…以前…如今

三、選擇正確的答案
Choose the correct answer.

1. 什麼是穿越時空？
   a. 是穿過時間和空間，返回以前的這個時代，
      或者飛越到若干年以後的那個時期。
   b. 是穿過時間和空間，返回以前的某個時代，
      或者飛越到若干年以後的某個時期。
   c. 是穿過時間和空間，返回以前的哪個時代，
      或者飛越到若干年以後的哪個時期。

2. 為什麼人們把現代神話稱為科學幻想？
   a. 因為這些現代神話雖然內容上荒誕不經，但
      是有肯定的科學因素。
   b. 因為這些現代神話雖然內容上荒誕不經，但
      是有否定的科學因素。
   c. 因為這些現代神話雖然內容上荒誕不經，但
      是有一定的科學因素。

3. 时空真的可以穿越吗？
   a. 根据爱因斯坦的相对论，从理论上来讲，时间和空间是可以穿越的。
   b. 根据爱因斯坦的相对论，从原因上来讲，时间和空间是可以穿越的。
   c. 根据爱因斯坦的相对论，从理论上来讲，时间和空间是不能穿越的。

4. 科学幻想对人类发展有什么积极作用？
   a. 可以开阔人们的道路，激发人们的探索精神，让许多幻想成为现实。
   b. 可以开阔人们的思路，激发人们的探索精神，让许多幻想成为现实。
   c. 可以开阔人们的思路，激发人们的探索精神，让许多现实成为幻想。

四、思考问题，说说你的看法
Think about the questions and talk about your perspective.

1. 科学幻想和古代神话有哪些相同和不同之处？

2. 为什么人们对穿越时空有兴趣？

3. 神话故事对人类社会的发展有哪些作用？

3. 時空真的可以穿越嗎？
   a. 根據愛因斯坦的相對論，從理論上來講，時間和空間是可以穿越的。
   b. 根據愛因斯坦的相對論，從原因上來講，時間和空間是可以穿越的。
   c. 根據愛因斯坦的相對論，從理論上來講，時間和空間是不能穿越的。

4. 科學幻想對人類發展有什麼積極作用？
   a. 可以開闊人們的道路，激發人們的探索精神，讓許多幻想成為現實。
   b. 可以開闊人們的思路，激發人們的探索精神，讓許多幻想成為現實。
   c. 可以開闊人們的思路，激發人們的探索精神，讓許多現實成為幻想。

四、思考問題，說說你的看法
Think about the questions and talk about your perspective.

1. 科學幻想和古代神話有哪些相同和不同之處？

2. 為什麼人們對穿越時空有興趣？

3. 神話故事對人類社會的發展有哪些作用？

五

♦ 国粹中的书法和中医 ♦
♦ 國粹中的書法和中醫 ♦

Calligraphy and Traditional Chinese Medicine: China's Essences

什么是国粹？国粹是一个国家固有文化的精华，就是一个国家传统文化中最具有代表性、最富有内涵的那部分。中国国粹主要有书法、中医、京剧、武术，有人说也包括国画、围棋、麻将等等。

书法，学习汉语的人都知道，它是文字的书写艺术。书法艺术源远流长，据说甲骨文里就已经露出书法的萌芽了。书法的字体可以是楷书，可以是隶书、小篆，但是最能体现书法艺术的是草书，特别是狂草。

狂草是把字的笔画连起来写，一个个的字龙飞凤舞、千姿百态，看得人眼花缭乱。狂草看似放荡不羁、随心所欲，其实笔画与笔画之间，字与字之间，行与行之间都是错落有致、有章可循。为什么写字会成为一种艺术呢？人们说，书法可以修心养性，好的书法作品表现出高雅的艺术涵养，给人们一种美的享受。

中医是中国传统医学。中医相信经脉，讲究阴阳，认为一个人只要经脉畅通、阴阳平衡就可以健康长寿；如果经脉不通、阴阳失衡就会生病。中医诊断病情依靠"望、闻、问、切"四种手段，望，是看病人舌苔和面色；闻，是听病人声音和呼吸；问，是问病人症状和感觉；切，是给病人号脉。从战国时期《黄帝内经》算起，中医有两千多年的历史了。

什麼是國粹？國粹是一個國家固有文化的精華，就是一個國家傳統文化中最具有代表性、最富有內涵的那部分。中國國粹主要有書法、中醫、京劇、武術，有人說也包括國畫、圍棋、麻將等等。

　　書法，學習漢語的人都知道，它是文字的書寫藝術。書法藝術源遠流長，據說甲骨文裡就已經露出書法的萌芽了。書法的字體可以是楷書，可以是隸書、小篆，但是最能體現書法藝術的是草書，特別是狂草。

　　狂草是把字的筆劃連起來寫，一個個的字龍飛鳳舞、千姿百態，看得人眼花繚亂。狂草看似放蕩不羈、隨心所欲，其實筆劃與筆劃之間，字與字之間，行與行之間都是錯落有致、有章可循。為什麼寫字會成為一種藝術呢？人們說，書法可以修心養性，好的書法作品表現出高雅的藝術涵養，給人們一種美的享受。

　　中醫是中國傳統醫學。中醫相信經脈，講究陰陽，認為一個人只要經脈暢通、陰陽平衡就可以健康長壽；如果經脈不通、陰陽失衡就會生病。中醫診斷病情依靠“望、聞、問、切”四種手段，望，是看病人舌苔和面色；聞，是聽病人聲音和呼吸；問，是問病人症狀和感覺；切，是給病人號脈。從戰國時期《黃帝內經》算起，中醫有兩千多年的歷史了。

不过自从西方医学传入，中医就开始不断地受到质疑。虽然现在中医也借助显微镜、X光、CT等科学仪器诊断病情，但是到目前为止，真正走向世界的只有针灸、推拿和按摩。

说中医就要说到中药，中药是中国传统药材，它包罗万象，不仅有植物、动物，还有矿物等。植物有藿香、当归、板蓝根；动物有鹿茸、熊胆、穿山甲；矿物有朱砂、雄黄、滑石粉等等。凡是世上有的，没有不能入药的，3000多年前占卜用的龟甲也被中医认为是可以治病的"龙骨"。

中药是把十几种药材混在一起用水煎煮，然后饮用煮好的药汁，也有做成丸剂的。现在很多人不相信中药，因为许多药材没有经过严格的药理实验，也没有明确的配伍禁忌说明，而且水土等环境的污染也造成了人们对中药的不放心。

不過自從西方醫學傳入，中醫就開始不斷地受到質疑。雖然現在中醫也借助顯微鏡、X光、CT等科學儀器診斷病情，但是到目前為止，真正走向世界的只有針灸、推拿和按摩。

　　說中醫就要說到中藥，中藥是中國傳統藥材，它包羅萬象，不僅有植物、動物，還有礦物等。植物有藿香、當歸、板藍根；動物有鹿茸、熊膽、穿山甲；礦物有朱砂、雄黃、滑石粉等等。凡是世上有的，沒有不能入藥的，3000多年前占卜用的龜甲也被中醫認為是可以治病的"龍骨"。

　　中藥是把十幾種藥材混在一起用水煎煮，然後飲用煮好的藥汁，也有做成丸劑的。現在很多人不相信中藥，因為許多藥材沒有經過嚴格的藥理實驗，也沒有明確的配伍禁忌說明，而且水土等環境的污染也造成了人們對中藥的不放心。

	Simplified Characters	Traditional Characters	Pinyin	Part of Speech	English Definition
1.	国粹	國粹	guócuì	n.	the essence of Chinese culture
2.	固有	固有	gùyǒu	adj.	inherent
3.	精华	精華	jīnghuá	n.	essence
4.	富有	富有	fùyǒu	v.	full of
5.	内涵	內涵	nèihán	n.	deep meaning (of literature and culture); rich in knowledge or culture (of a person)
6.	围棋	圍棋	wéiqí	n.	the game of Go
7.	麻将	麻將	májiàng	n.	mahjong
8.	源远流长	源遠流長	yuányuǎn-liúcháng	id.	have a long history
9.	露出	露出	lùchū	v.	reveal
10.	体现	體現	tǐxiàn	v.	embody; reflect
11.	龙飞凤舞	龍飛鳳舞	lóngfēi-fèngwǔ	id.	lively and vigorous (in calligraphy)

	Simplified Characters	Traditional Characters	Pinyin	Part of Speech	English Definition
12.	千姿百态	千姿百態	qiānzībǎitài	id.	in different poses and with different expressions
13.	眼花缭乱	眼花繚亂	yǎnhuā-liáoluàn	id.	be dazzled
14.	放荡不羁	放蕩不羈	fàngdàng-bùjī	id.	unconventional and uninhibited
15.	随心所欲	隨心所欲	suíxīnsuǒyù	id.	have one's own way; do as one pleases
16.	错落有致	錯落有致	cuòluò-yǒuzhì	id.	well-proportioned; well-arranged
17.	有章可循	有章可循	yǒuzhāng-kěxún	id.	have rules to follow
18.	修心养性	修心養性	xiūxīn-yǎngxìng	id	cultivate oneself
19.	涵养	涵養	hányǎng	n.	ability to control oneself; self-restraint
20.	经脉	經脈	jīngmài	n.	passages through which vital energies circulate
21.	阴阳	陰陽	yīnyáng	n.	Yin and Yang
22.	畅通	暢通	chàngtōng	adj.	unimpeded; unblocked
23.	平衡	平衡	pínghéng	adj.	balanced; equal
24.	失衡	失衡	shīhéng	adj.	unbalanced
25.	诊断	診斷	zhěnduàn	v.	diagnose
26.	闻	聞	wén	v.	hear
27.	切	切	qiè	v.	feel a pulse

	Simplified Characters	Traditional Characters	Pinyin	Part of Speech	English Definition
28.	手段	手段	shǒuduàn	*n.*	method
29.	舌苔	舌苔	shétāi	*n.*	coating on the tongue
30.	症状	症狀	zhèng-zhuàng	*n.*	symptom
31.	号脉	號脈	hàomài	*vo.*	feel a pulse
32.	质疑	質疑	zhìyí	*v.*	call into question; query
33.	借助	借助	jièzhù	*v.*	have the aid of; draw support from
34.	显微镜	顯微鏡	xiǎnwēijìng	*n.*	microscope
35.	仪器	儀器	yíqì	*n.*	instrument; apparatus
36.	针灸	針灸	zhēnjiǔ	*n.*	acupuncture and moxibustion
37.	推拿	推拿	tuīná	*v.*	massage
38.	按摩	按摩	ànmó	*v.*	massage
39.	药材	藥材	yàocái	*n.*	medicinal materials
40.	包罗万象	包羅萬象	bāoluó-wànxiàng	*id.*	all-embracing; all-inclusive
41.	矿物	礦物	kuàngwù	*n.*	mineral
42.	入药	入藥	rùyào	*v.*	be used as medicine
43.	占卜	占卜	zhānbǔ	*v.*	practice divination
44.	煎煮	煎煮	jiānzhǔ	*v.*	boil (as in making medicine)
45.	丸剂	丸劑	wánjì	*n.*	pill

	Simplified Characters	Traditional Characters	Pinyin	Part of Speech	English Definition
46.	药理	藥理	yàolǐ	n.	pharmacology
47.	实验	實驗	shíyàn	v.	experiment
48.	配伍	配伍	pèiwǔ	n.	compatibility of medicines
49.	禁忌	禁忌	jìnjì	n.	taboo
50.	污染	污染	wūrǎn	v.	pollute; contaminate

Common Related Words and Phrases

	Simplified Characters	Traditional Characters	Pinyin	Part of Speech	English Definition
1.	板蓝根	板藍根	bǎnlán'gēn	n.	isatis root
2.	金银花	金銀花	jīnyínhuā	n.	honeysuckle
3.	藿香	藿香	huòxiāng	n.	wrinkled giant hyssop
4.	当归	當歸	dāngguī	n.	Chinese angelica
5.	枸杞	枸杞	gǒuqǐ	n.	Chinese wolfberry
6.	人参	人參	rénshēn	n.	ginseng
7.	天麻	天麻	tiānmá	n.	gastrodia elata
8.	朱砂	朱砂	zhūshā	n.	cinnabar
9.	雄黄	雄黃	xiónghuáng	n.	realgar; red orpiment
10.	滑石粉	滑石粉	huáshífěn	n.	French chalk; saponite
11.	龙骨	龍骨	lónggǔ	n.	ossa draconis
12.	鹿茸	鹿茸	lùróng	n.	pilose antler (of a young stag)
13.	穿山甲	穿山甲	chuān-shānjiǎ	n.	pangolin; pangolin scales
14.	牛黄	牛黃	niúhuáng	n.	bezoar

练习

Exercises

一、连接意思相关的词语
Link the related words.

1. 经脉　　　涵养

2. 阴阳　　　实验

3. 环境　　　平衡

4. 配伍　　　畅通

5. 药理　　　污染

6. 艺术　　　禁忌

一、連接意思相關的詞語
Link the related words.

1. 經脈   涵養

2. 陰陽   實驗

3. 環境   平衡

4. 配伍   暢通

5. 藥理   污染

6. 藝術   禁忌

二、选择合适的词语填空
Choose the most appropriate phrase to complete the sentence.

1. 狂草是把字的笔画连起来写，一个个的字_____、
   _____，看得人眼花缭乱。
   a. 经脉畅通、放荡不羁
   b. 龙飞凤舞、千姿百态
   c. 错落有致、源远流长

2. 狂草看似放荡不羁、随心所欲，其实笔画与笔画
   之间，字与字之间，行与行之间都是_____、
   _____。
   a. 错落有致、有章可循
   b. 龙飞凤舞、千姿百态
   c. 放荡不羁、源远流长

3. 因为许多药材没有经过_____的药理实验，也
   没有_____的配伍禁忌说明，而且水土等环境
   的污染也造成了人们对中药的不放心。
   a. 严肃、明确
   b. 明确、严格
   c. 严格、明确

二、選擇合適的詞語填空

Choose the most appropriate phrase to complete the sentence.

1. 狂草是把字的筆劃連起來寫，一個個的字_____、
   _____，看得人眼花繚亂。
   a. 經脈暢通、放蕩不羈
   b. 龍飛鳳舞、千姿百態
   c. 錯落有致、源遠流長

2. 狂草看似放蕩不羈、隨心所欲，其實筆劃與筆劃
   之間，字與字之間，行與行之間都是_____、
   _____。
   a. 錯落有致、有章可循
   b. 龍飛鳳舞、千姿百態
   c. 放蕩不羈、源遠流長

3. 因為許多藥材沒有經過_____的藥理實驗，也
   沒有_____的配伍禁忌說明，而且水土等環境
   的污染也造成了人們對中藥的不放心。
   a. 嚴肅、明確
   b. 明確、嚴格
   c. 嚴格、明確

4. 中国传统药材＿＿＿＿有植物、动物，＿＿＿＿矿物等，＿＿＿＿世上有的，没有不能入药的。

    a. 不仅…还有…凡是

    b. 不但…而且…凡是

    c. 不仅…还有…只是

三、选择正确的答案
Choose the correct answer.

1. 什么是国粹？

    a. 是一个国家传统文化中最具有代表性、最富有内涵的那部分。

    b. 是一个国家古代文化中最具有代表性、最富有内涵的那部分。

    c. 是一个国家现代文化中最具有代表性、最富有内涵的那部分。

2. 为什么说书法是一种艺术？

    a. 书法可以修心养性，好的书法作品表现出富裕的艺术涵养，给人们一种美的享受。

    b. 书法可以修心养性，好的书法作品表现出高贵的艺术涵养，给人们一种美的享受。

    c. 书法可以修心养性，好的书法作品表现出高雅的艺术涵养，给人们一种美的享受。

4. 中國傳統藥材＿＿＿＿＿有植物、動物，＿＿＿＿＿礦物
   等，＿＿＿＿＿世上有的，沒有不能入藥的。
   a. 不僅…還有…凡是
   b. 不但…而且…凡是
   c. 不僅…還有…只是

三、選擇正確的答案
Choose the correct answer.

1. 什麼是國粹？
   a. 是一個國家傳統文化中最具有代表性、最富
      有內涵的那部分。
   b. 是一個國家古代文化中最具有代表性、最富
      有內涵的那部分。
   c. 是一個國家現代文化中最具有代表性、最富
      有內涵的那部分。

2. 為什麼說書法是一種藝術？
   a. 書法可以修心養性，好的書法作品表現出富
      裕的藝術涵養，給人們一種美的享受。
   b. 書法可以修心養性，好的書法作品表現出高
      貴的藝術涵養，給人們一種美的享受。
   c. 書法可以修心養性，好的書法作品表現出高
      雅的藝術涵養，給人們一種美的享受。

3. 中医认为什么样的人会健康长寿？
   a. 一个人只要经脉畅通、阴阳失衡就可以健康长寿。
   b. 一个人只要经脉畅通、阴阳平衡就可以健康长寿。
   c. 一个人只要经脉不通、阴阳平衡就可以健康长寿。

4. 怎样服用中国的传统药材？
   a. 把药材混在一起用水煎煮，然后吃煮好的药汁或饮用做成的丸剂。
   b. 把药材混在一起用水煎煮，然后饮用煮好的药汁或吃做成的丸剂。
   c. 把药材都分开来用水煎煮，然后饮用煮好的药汁或吃做成的丸剂。

四、思考问题，说说你的看法
Think about the questions and talk about your perspective.

1. 简单介绍一下你们国家的国粹。

2. 你认为写字是一门艺术吗？为什么？

3. 谈谈中医和西医有什么不同或相同之处。

3. 中醫認為什麼樣的人會健康長壽？
    a. 一個人只要經脈暢通、陰陽失衡就可以健康長壽。
    b. 一個人只要經脈暢通、陰陽平衡就可以健康長壽。
    c. 一個人只要經脈不通、陰陽平衡就可以健康長壽。

4. 怎樣服用中國的傳統藥材？
    a. 把藥材混在一起用水煎煮，然後吃煮好的藥汁或飲用做成的丸劑。
    b. 把藥材混在一起用水煎煮，然後飲用煮好的藥汁或吃做成的丸劑。
    c. 把藥材都分開來用水煎煮，然後飲用煮好的藥汁或吃做成的丸劑。

四、思考問題，說說你的看法
Think about the questions and talk about your perspective.

1. 簡單介紹一下你們國家的國粹。

2. 你認為寫字是一門藝術嗎？為什麼？

3. 談談中醫和西醫有什麼不同或相同之處。

六

♦ 京剧是中国的国剧 ♦
♦ 京劇是中國的國劇 ♦

Beijing Opera: A National Opera

京剧也是中国的国粹，京剧是北京地区的戏剧，所以也叫"京戏"。中国的戏剧起源很早，但是京剧只有200多年的历史。

在京剧产生以前，北京地区流行的戏剧是陕西的秦腔，大约在清朝中期，安徽的徽剧、湖北的汉剧以及江苏的昆曲进入北京，这几个剧种之间不断交流、融合，最后形成了一个带有北京腔调的新剧种——京剧。京剧时间不长，但是发展很快，现在已经成为中国近代戏剧的代表，在台湾则直接被称为"国剧"。

戏剧不同于话剧、舞剧，它的表现形式主要是唱，所以唱腔是京剧的核心。人们评价一出戏好不好，就是看演员唱得好不好。以前演戏的时候，如果演员唱得好，观众不是像现在这样等到演出完了再鼓掌，而是当时就大声地叫好儿，这叫做"喝彩"。如果唱得不好，人们也叫好儿，不过那个好的声音很奇怪，不是真的好，而是叫倒好，也就是"喝倒彩"。意思是说你唱得不好，下去吧。

唱京剧要有乐器伴奏，京剧的乐器分为管弦乐和打击乐两部分：管弦乐有胡琴、三弦、笛子、唢呐等，主要是用来伴唱；打击乐有锣、鼓、板、钹等，主要用来衬托演员的动作，渲染演员武打时的气氛。

京劇也是中國的國粹，京劇是北京地區的戲劇，所以也叫"京戲"。中國的戲劇起源很早，但是京劇只有200多年的歷史。

在京劇產生以前，北京地區流行的戲劇是陝西的秦腔，大約在清朝中期，安徽的徽劇、湖北的漢劇以及江蘇的昆曲進入北京，這幾個劇種之間不斷交流、融合，最後形成了一個帶有北京腔調的新劇種——京劇。京劇時間不長，但是發展很快，現在已經成為中國近代戲劇的代表，在臺灣則直接被稱為"國劇"。

戲劇不同於話劇、舞劇，它的表現形式主要是唱，所以唱腔是京劇的核心。人們評價一齣戲好不好，就是看演員唱得好不好。以前演戲的時候，如果演員唱得好，觀眾不是像現在這樣等到演出完了再鼓掌，而是當時就大聲地叫好兒，這叫做"喝彩"。如果唱得不好，人們也叫好兒，不過那個好的聲音很奇怪，不是真的好，而是叫倒好，也就是"喝倒彩"。意思是說你唱得不好，下去吧。

唱京劇要有樂器伴奏，京劇的樂器分為管弦樂和打擊樂兩部分：管弦樂有胡琴、三弦、笛子、嗩吶等，主要是用來伴唱；打擊樂有鑼、鼓、板、鈸等，主要用來襯托演員的動作，渲染演員武打時的氣氛。

京剧特别讲究台步，就是演员在戏台上的步法。戏台上的步子和我们平时走路不一样，抬腿、迈脚，慢走、疾行，前进、后退，一招一式都有严格的章法。

　　许多外国人听不懂京剧，但是他们都觉得京剧脸谱很好看。脸谱是用色彩和线条画成的图案，不同的图案和色彩代表不同人物的性格和品质。一般来说，红脸代表忠诚侠义，红脸的人是忠臣；白脸代表凶诈险恶，白脸的人是奸臣。还有一种脸谱用于小丑，这种脸谱很滑稽，中间有一块白色，人们看到这张脸就想笑。

　　一百多年来，尽管电影传入中国，后来又有了电视，但是京剧仍然拥有许多观众。有一种现象很奇怪，许多人年轻时喜欢看电影，到了老年却愿意看京剧，而且不厌其烦地一遍又一遍地看。他们看京剧不是看故事情节，而是欣赏演员的演技和唱腔，平日里自己嘴里哼的也都是京剧里的唱词。

京劇特別講究臺步，就是演員在戲臺上的步法。戲臺上的步子和我們平時走路不一樣，抬腿、邁腳，慢走、疾行，前進、後退，一招一式都有嚴格的章法。

　　許多外國人聽不懂京劇，但是他們都覺得京劇臉譜很好看。臉譜是用色彩和線條畫成的圖案，不同的圖案和色彩代表不同人物的性格和品質。一般來說，紅臉代表忠誠俠義，紅臉的人是忠臣；白臉代表凶詐險惡，白臉的人是奸臣。還有一種臉譜用於小丑，這種臉譜很滑稽，中間有一塊白色，人們看到這張臉就想笑。

　　一百多年來，儘管電影傳入中國，後來又有了電視，但是京劇仍然擁有許多觀眾。有一種現象很奇怪，許多人年輕時喜歡看電影，到了老年卻願意看京劇，而且不厭其煩地一遍又一遍地看。他們看京劇不是看故事情節，而是欣賞演員的演技和唱腔，平日裡自己嘴裡哼的也都是京劇裡的唱詞。

✦ 生词 ✦
生詞

New Vocabulary

	Simplified Characters	Traditional Characters	Pinyin	Part of Speech	English Definition
1.	戏剧	戲劇	xìjù	n.	drama; play
2.	起源	起源	qǐyuán	v.	originate
3.	剧种	劇種	jùzhǒng	n.	type (or genre) of drama
4.	融合	融合	rónghé	v.	mix together; merge
5.	腔调	腔調	qiāngdiào	n.	accent; intonation
6.	话剧	話劇	huàjù	n.	modern drama; stage play
7.	唱腔	唱腔	chàngqiāng	n.	pronunciation and style of singing in Chinese opera
8.	核心	核心	héxīn	n.	nucleus; core
9.	评价	評價	píngjià	v.	appraise; evaluate
10.	出	齣	chū	m.	measure word for dramas, plays, or operas
11.	演员	演員	yǎnyuán	n.	actor or actress
12.	演戏	演戲	yǎnxì	v.	act in a play

	Simplified Characters	Traditional Characters	Pinyin	Part of Speech	English Definition
13.	观众	觀眾	guānzhòng	*n.*	viewer; audience
14.	演出	演出	yǎnchū	*v.*	perform
15.	鼓掌	鼓掌	gǔzhǎng	*v.*	clap one's hands; applaud
16.	叫好	叫好	jiàohǎo	*v.*	applaud; shout "Bravo!"
17.	喝彩	喝彩	hècǎi	*v.*	acclaim; cheer
18.	倒	倒	dào	*adj.*	reverse; opposite
19.	乐器	樂器	yuèqì	*n.*	musical instrument
20.	伴奏	伴奏	bànzòu	*v.*	accompany (with music instrument)
21.	管弦乐	管弦樂	guǎn-xiányuè	*n.*	orchestral music instrument
22.	打击乐	打擊樂	dǎjīyuè	*n.*	percussion instrument
23.	衬托	襯托	chèntuō	*v.*	help to increase an effect; accentuate a kind of atmosphere
24.	动作	動作	dòngzuò	*n.*	movement; motion
25.	武打	武打	wǔdǎ	*v.*	acrobatic fighting in Chinese opera
26.	气氛	气氛	qìfēn	*n.*	atmosphere
27.	台步	臺步	táibù	*n.*	the walk of an actor or actress in Beijing opera, etc.
28.	戏台	戲臺	xìtái	*n.*	stage
29.	步法	步法	bùfǎ	*n.*	footwork

	Simplified Characters	Traditional Characters	Pinyin	Part of Speech	English Definition
30.	迈脚	邁腳	màijiǎo	v.	raise one's foot
31.	疾行	疾行	jíxíng	v.	walk quickly
32.	一招一式	一招一式	yīzhāoyīshì	n.	every gesture and motion
33.	章法	章法	zhāngfǎ	n.	set method; routine
34.	脸谱	臉譜	liǎnpǔ	n.	facial makeup in opera
35.	线条	線條	xiàntiáo	n.	line
36.	图案	圖案	tú'àn	n.	pattern; design
37.	品质	品質	pǐnzhì	n.	character; quality
38.	忠诚	忠誠	zhōngchéng	adj.	loyal; faithful
39.	侠义	俠義	xiáyì	adj.	having a strong sense of justice and ready to help the weak
40.	忠臣	忠臣	zhōngchén	n.	official loyal to his sovereign
41.	凶诈	凶詐	xiōngzhà	adj.	vicious and treacherous
42.	险恶	險惡	xiǎn'è	adj.	dangerous and evil
43.	奸臣	奸臣	jiānchén	n.	treacherous court official
44.	小丑	小丑	xiǎochǒu	n.	clown; buffoon
45.	滑稽	滑稽	huáji	adj.	funny; amusing
46.	不厌其烦	不厭其煩	bùyànqífán	id.	with great patience
47.	情节	情節	qíngjié	n.	plot; circumstances
48.	欣赏	欣賞	xīnshǎng	v.	appreciate; enjoy

Simplified Characters	Traditional Characters	Pinyin	Part of Speech	English Definition
49. 演技	演技	yǎnjì	*n.*	acting
50. 哼	哼	hēng	*v.*	hum

◆ 常见的中国地方剧种 ◆
◆ 常見的中國地方劇種 ◆

Common Related Words and Phrases

	Simplified Characters	Traditional Characters	Pinyin	Part of Speech	English Definition
1.	秦腔	秦腔	qínqiāng	n.	Shaanxi opera
2.	晋剧	晉劇	jìnjù	n.	Shanxi opera
3.	川剧	川劇	chuānjù	n.	Sichuan opera
4.	沪剧	滬劇	hùjù	n.	Shanghai opera
5.	粤剧	粤劇	yuèjù	n.	Guangdong opera
6.	越剧	越劇	yuèjù	n.	Shaoxing opera
7.	昆曲	昆曲	kūnqǔ	n.	Kunqu opera
8.	豫剧	豫劇	yùjù	n.	Henan opera
9.	黄梅戏	黃梅戲	huāngméixì	n.	Huangmei opera
10.	花鼓戏	花鼓戲	huāgǔxì	n.	Flower drum opera

✦ 常见的京剧伴奏乐器 ✦
✦ 常見的京劇伴奏樂器 ✦

Common Related Words and Phrases

	Simplified Characters	Traditional Characters	Pinyin	Part of Speech	English Definition
1.	胡琴	胡琴	húqín	n.	a general term for a certain two-stringed bowed instruments
2.	三弦	三弦	sānxián	n.	a three-stringed plucked instrument
3.	笛子	笛子	dízi	n.	bamboo flute
4.	唢呐	嗩呐	suǒnà	n.	suona horn, a woodwind instrument
5.	锣	鑼	luó	n.	gong
6.	鼓	鼓	gǔ	n.	drum
7.	板	板	bǎn	n.	woodblock
8.	钹	鈸	bó	n.	cymbals
9.	月琴	月琴	yuèqín	n.	Moon-zither
10.	笙	笙	shēng	n.	sheng; a pipe wind instrument

练习	
Exercises	

一、连接意思相关的词语
Link the related words.

....

1. 唱腔   疾行

2. 乐器   叫好

3. 演员   伴奏

4. 喝彩   台步

5. 线条   观众

6. 慢走   图案

練習

Exercises

一、連接意思相關的詞語
Link the related words.

1. 唱腔   疾行

2. 樂器   叫好

3. 演員   伴奏

4. 喝彩   臺步

5. 線條   觀眾

6. 慢走   圖案

二、选择合适的短语完成句子

Choose the most appropriate phrase to complete the sentence.

1. _____戏剧不同于话剧、舞剧，它的表现形式主要是唱，_____唱腔是京剧的核心。人们评价一出戏好不好，_____看演员唱得好不好。

    a. 由于…要是…只有

    b. 因此…但是…只是

    c. 因为…所以…就是

2. 京剧时间不长，_____发展很快，现在_____成为中国近代戏剧的代表，在台湾_____直接被称为国剧。

    a. 但是…已经…则

    b. 虽然…应该…而

    c. 因为…曾经…却

3. _____唱得不好，人们_____叫好儿，_____那个好的声音很奇怪，不是真的好，_____叫倒好，也就是"喝倒彩"。

    a. 要是…就…所以…而是

    b. 如果…也…不过…而是

    c. 如果…还…虽然…而是

二、選擇合適的短語完成句子

Choose the most appropriate phrase to complete the sentence.

I. ＿＿＿＿＿戲劇不同於話劇、舞劇，它的表現形式主要是唱，＿＿＿＿＿唱腔是京劇的核心。人們評價一齣戲好不好，＿＿＿＿＿看演員唱得好不好。
   a. 由於…要是…只有
   b. 因此…但是…只是
   c. 因為…所以…就是

2. 京劇時間不長，＿＿＿＿＿發展很快，現在＿＿＿＿＿成為中國近代戲劇的代表，在臺灣＿＿＿＿＿直接被稱為國劇。
   a. 但是…已經…則
   b. 雖然…應該…而
   c. 因為…曾經…卻

3. ＿＿＿＿＿唱得不好，人們＿＿＿＿＿叫好兒，＿＿＿＿＿那個好的聲音很奇怪，不是真的好，＿＿＿＿＿叫倒好，也就是"喝倒彩"。
   a. 要是…就…所以…而是
   b. 如果…也…不過…而是
   c. 如果…還…雖然…而是

4. 他们看京剧＿＿＿＿看故事情节，＿＿＿＿欣赏演员的演技和唱腔，平日里自己嘴里哼的也＿＿＿＿京剧里的唱词。

    a. 不是…而是…都是

    b. 而是…不是…都是

    c. 都是…而是…不是

三、选择正确的答案
Choose the correct answer.

1. 京剧是怎么产生的？

    a. 京剧是由秦腔、徽剧、话剧和昆曲融合而形成的一种带有北京腔调的戏剧。

    b. 京剧是由秦腔、徽剧、汉剧和昆曲融合而形成的一种带有北京腔调的戏剧。

    c. 京剧是由秦腔、徽剧、舞剧和昆曲融合而形成的一种带有北京腔调的戏剧。

2. 京剧中的管弦乐和打击乐的作用有什么不同？

    a. 管弦乐是用来伴唱；打击乐是用来渲染演员的动作，衬托武打时的气氛的。

    b. 管弦乐是用来伴唱；打击乐是用来衬托武打的动作，渲染伴唱时的气氛的。

    c. 管弦乐是用来伴唱；打击乐是用来衬托演员的动作，渲染武打时的气氛的。

4. 他們看京劇＿＿＿＿看故事情節，＿＿＿＿欣賞演員的演技和唱腔，平日裡自己嘴裡哼的也＿＿＿＿京劇裡的唱詞。

    a. 不是…而是…都是

    b. 而是…不是…都是

    c. 都是…而是…不是

三、選擇正確的答案
Choose the correct answer.

1. 京劇是怎麼產生的？

    a. 京劇是由秦腔、徽劇、話劇和昆曲融合而形成的一種帶有北京腔調的戲劇。

    b. 京劇是由秦腔、徽劇、漢劇和昆曲融合而形成的一種帶有北京腔調的戲劇。

    c. 京劇是由秦腔、徽劇、舞劇和昆曲融合而形成的一種帶有北京腔調的戲劇。

2. 京劇中的管弦樂和打擊樂的作用有什麼不同？

    a. 管弦樂是用來伴唱；打擊樂是用來渲染演員的動作，襯托武打時的氣氛的。

    b. 管弦樂是用來伴唱；打擊樂是用來襯托武打的動作，渲染伴唱時的氣氛的。

    c. 管弦樂是用來伴唱；打擊樂是用來襯托演員的動作，渲染武打時的氣氛的。

3. 脸谱在京剧中有什么作用？
    a. 脸谱的不同图案和色彩代表不同的人物性格和品质。
    b. 脸谱相同的图案和色彩代表不同的人物性格和品质。
    c. 脸谱的不同图案和色彩代表相同的人物性格和品质。

4. 为什么中国人不厌其烦地一遍又一遍地看京剧？
    a. 因为人们看京剧不是看故事情节，而是欣赏演员的演技和唱腔。
    b. 因为人们看京剧只是看故事情节，不是欣赏演员的演技和唱腔。
    c. 因为人们看京剧不是看故事情节，也是欣赏演员的演技和唱腔。

四、思考问题，说说你的看法

Think about the questions and talk about your perspective.

1. 讲述一两个你所知道的中国戏剧的故事。

2. 介绍你们国家的一个剧种的起源、表演以及使用的乐器。

3. 谈谈话剧、舞剧、歌剧和戏剧之间有什么不同。

3. 臉譜在京劇中有什麼作用？
   a. 臉譜的不同圖案和色彩代表不同的人物性格和品質。
   b. 臉譜相同的圖案和色彩代表不同的人物性格和品質。
   c. 臉譜的不同圖案和色彩代表相同的人物性格和品質。

4. 為什麼中國人不厭其煩地一遍又一遍地看京劇？
   a. 因為人們看京劇不是看故事情節，而是欣賞演員的演技和唱腔。
   b. 因為人們看京劇只是看故事情節，不是欣賞演員的演技和唱腔。
   c. 因為人們看京劇不是看故事情節，也是欣賞演員的演技和唱腔。

四、思考問題，說說你的看法
Think about the questions and talk about your perspective.

1. 講述一兩個你所知道的中國戲劇的故事。

2. 介紹你們國家的一個劇種的起源、表演以及使用的樂器。

3. 談談話劇、舞劇、歌劇和戲劇之間有什麼不同。

七

◆ 经济发展与环境污染 ◆
◆ 經濟發展與環境污染 ◆

Economic Development and Environmental Pollution

环境保护是目前人类面临的一个非常重要的任务。几十年来人类的生存环境在发展经济、建设现代化的过程中遭到了严重的污染。

例如：在农业方面，人们为了增加粮食、蔬菜、水果等农作物的产量，使用化肥和农药，结果粮食、蔬菜、水果丰收了，环境污染了。残留的化肥和农药污染了农田，污染了食物。在工业方面，人们为了提高生活水平，制造电视、冰箱，汽车、飞机，结果生活舒适了，衣食住行方便了，环境污染了。工厂排出的废水污染了河流，产生的废气污染了天空。此外，大量砍伐树木，使得森林减少；过度开垦农田，使得水土流失，结果造成土地沙漠化。

现在无论是发达国家还是发展中国家都存在环境污染问题，但是发展中国家的情形尤为严重。中国是世界最大的发展中国家，这几十年来经济发展突飞猛进，城市建设日新月异，然而环境保护却做得很不好，许多清澈的河流变得混浊一片，一些城市经常被雾霾和沙尘暴笼罩。

有人说古代的时候应该没有污染，因为那时候没有化肥和农药，所以不会有农业污染；那时候没有制造电视，汽车的工厂，所以不会有工业污染。晋代诗人陶渊明的一首诗中说："采菊东篱下，悠然见南山"，陶渊明在院子里悠闲地采着菊花，抬環境保護是目前人類面臨的一個非常重要的任務。幾十年來人類的生存環境在發展經濟、建設現代化的過程中遭到了嚴重的污染。

例如：在農業方面，人們為了增加糧食、蔬菜、水果等農作物的產量，使用化肥和農藥，結果糧食、蔬菜、水果豐收了，環境污染了。殘留的化肥和農藥污染了農田，污染了食物。在工業方面，人們為了提高生活水平，製造電視、冰箱，汽車、飛機，結果生活舒適了，衣食住行方便了，環境污染了。工廠排出的廢水污染了河流，產生的廢氣污染了天空。此外，大量砍伐樹木，使得森林減少；過度開墾農田，使得水土流失，結果造成土地沙漠化。

現在無論是發達國家還是發展中國家都存在環境污染問題，但是發展中國家的情形尤為嚴重。中國是世界最大的發展中國家，這幾十年來經濟發展突飛猛進，城市建設日新月異，然而環境保護卻做得很不好，許多清澈的河流變得混濁一片，一些城市經常被霧霾和沙塵暴籠罩。

有人說古代的時候應該沒有污染，因為那時候沒有化肥和農藥，所以不會有農業污染；那時候沒有製造電視，汽車的工廠，所以不會有工業污染。晉代詩人陶淵明的一首詩中說：“采菊東籬下，悠然見南山”，陶淵明在院子裡悠閒地采著菊花，抬头便能看见远处的南山。那时候的天空一定是一蓝如洗、纤尘不染。现在不要说远山了，马路对面稍微高一点的楼层都是模糊一片。生活在这样的环境里，人们不由得会向往古时候风清月明的朗朗乾坤。

但是我们知道，社会总是要向前发展的，不可能停滞不前，更不可能倒退回去。要发展势必会产生污染，经济发展与环境保护是我们面前一个两难的选择。

中国有句古话说"鱼与熊掌不可兼得"，意思是味道鲜美的鱼和熊掌只能选择一个。然而我们现在要做的是鱼也要，熊掌也要；既要发展经济，也要保护环境。我们要让人们在唐诗所描述的"两个黄鹂鸣翠柳，一行白鹭上青天"、"竹外桃花三两枝，春江水暖鸭先知"那种没有污染的环境中享受舒适的现代化生活。

頭便能看見遠處的南山。那時候的天空一定是一藍如洗、纖塵不染。現在不要說遠山了，馬路對面稍微高一點的樓層都是模糊一片。生活在這樣的環境裡，人們不由得會嚮往古時候風清月明的朗朗乾坤。

但是我們知道，社會總是要向前發展的，不可能停滯不前，更不可能倒退回去。要發展勢必會產生污染，經濟發展與環境保護是我們面前一個兩難的選擇。

中國有句古話說"魚與熊掌不可兼得"，意思是味道鮮美的魚和熊掌只能選擇一個。然而我們現在要做的是魚也要，熊掌也要；既要發展經濟，也要保護環境。我們要讓人們在唐詩所描述的"兩個黃鸝鳴翠柳，一行白鷺上青天"、"竹外桃花三兩枝，春江水暖鴨先知"那種沒有污染的環境中享受舒適的現代化生活。

✦ 生词 ✦
生詞

New Vocabulary

	Simplified Characters	Traditional Characters	Pinyin	Part of Speech	English Definition
1.	面临	面臨	miànlín	v.	face; be confronted with
2.	任务	任務	rènwù	n.	assignment; mission
3.	生存	生存	shēngcún	v.	subsist; exist
4.	过程	過程	guòchéng	n.	course; process
5.	遭到	遭到	zāodào	v.	encounter; come across a negative scenario
6.	农作物	農作物	nóngzuòwù	n.	crops
7.	产量	產量	chǎnliàng	n.	output
8.	化肥	化肥	huàféi	n.	chemical fertilizer
9.	农药	農藥	nóngyào	n.	agricultural chemical; pesticide
10.	丰收	豐收	fēngshōu	v.	harvest
11.	残留	殘留	cánliú	v.	remain; be left over
12.	农田	農田	nóngtián	n.	farmland; cultivated land
13.	舒适	舒適	shūshì	adj.	comfortable; cosy

	Simplified Characters	Traditional Characters	Pinyin	Part of Speech	English Definition
14.	衣食住行	衣食住行	yīshí-zhùxíng	*id.*	food, clothing, shelter and transportation (basic necessities of life)
15.	废水	廢水	fèishuǐ	*n.*	wastewater ; liquid waste
16.	废气	廢氣	fèiqì	*n.*	harmful gas; gas waste
17.	此外	此外	cǐwài	*conj.*	besides; in addition
18.	砍伐	砍伐	kǎnfá	*v.*	fell (trees)
19.	过度	過度	guòdù	*adj.*	excessive; over
20.	开垦	開墾	kāikěn	*v.*	open up (or reclaim) wasteland
21.	流失	流失	liúshī	*v.*	run off; be washed away; erode
22.	沙漠	沙漠	shāmò	*n.*	desert
23.	发达国家	發達國家	fādáguójiā	*n.*	developed country
24.	发展中国家	發展中國家	fāzhǎn-zhōng-guójiā	*n.*	developing country
25.	尤为	尤為	yóuwéi	*adv.*	particularly; especially
26.	突飞猛进	突飛猛進	tūfēi-měngjìn	*id.*	advance by leaps and bounds
27.	建设	建設	jiànshè	*v.*	construct
28.	日新月异	日新月異	rìxīnyuèyì	*id.*	change with each passing day
29.	清澈	清澈	qīngchè	*adj.*	limpid; clear

	Simplified Characters	Traditional Characters	Pinyin	Part of Speech	English Definition
30.	混浊	混濁	húnzhuó	*adj.*	muddy; turbid
31.	雾霾	霧霾	wùmái	*n.*	smog; haze
32.	沙尘暴	沙塵暴	shāchénbào	*n.*	dust storm
33.	笼罩	籠罩	lǒngzhào	*v.*	envelop; shroud
34.	悠然	悠然	yōurán	*adj.*	carefree and leisurely
35.	悠闲	悠閒	yōuxián	*adj.*	leisurely and carefree
36.	一蓝如洗	一藍如洗	yīlánrúxǐ	*id.*	pure blue
37.	纤尘不染	纖塵不染	xiānchén-bùrǎn	*id.*	be spotlessly clean
38.	稍微	稍微	shāowēi	*adv.*	a little; slightly
39.	模糊	模糊	móhu	*adj.*	blurred; indistinct
40.	不由得	不由得	bùyóude	*adv.*	cannot help; cannot but
41.	向往	嚮往	xiǎngwǎng	*v.*	yearn for; dream of
42.	朗朗	朗朗	lǎnglǎng	*adj.*	bright; light
43.	乾坤	乾坤	qiánkūn	*n.*	heaven and earth; the universe
44.	停滞	停滯	tíngzhì	*v.*	stagnate; be at a standstill
45.	势必	勢必	shìbì	*adv.*	certainly will; be bound to
46.	两难	兩難	liǎngnán	*adj.*	having a dilemma
47.	熊掌	熊掌	xióngzhǎng	*n.*	bear's paw (as a rare delicacy)

Simplified Characters	Traditional Characters	Pinyin	Part of Speech	English Definition
48. 兼得	兼得	jiāndé	*v.*	have it both ways; get all the benefits of two or more things
49. 黄鹂	黃鸝	huánglí	*n.*	oriole
50. 白鹭	白鷺	báilù	*n.*	egret

	Simplified Characters	Traditional Characters	Pinyin	Part of Speech	English Definition
1.	沙漠化	沙漠化	shāmòhuà	n.	desertization
2.	盐碱化	鹽鹼化	yánjiǎnhuà	n.	salinization (of soil)
3.	草原退化	草原退化	cǎoyuán-tuìhuà	n.	grassland degradation
4.	风沙	風沙	fēngshā	n.	sand blown by the wind
5.	雾霾	霧霾	wùmái	n.	haze
6.	排放废气	排放廢氣	páifàngfèiqì	n.	emissions
7.	空气污染	空氣污染	kōngqìwūrǎn	n.	air pollution
8.	噪音污染	噪音污染	zàoyīnwūrǎn	n.	noise pollution
9.	光亮污染	光亮污染	guāngliàng-wūrǎn	n.	light pollution
10.	白色污染	白色污染	báisèwūrǎn	n.	white pollution (pollution from styrofoam)
11.	核污染	核污染	héwūrǎn	n.	nuclear pollution
12.	放射性污染	放射性污染	fàngshèxìng-wūrǎn	n.	radioactive contamination
13.	重金属污染	重金屬污染	zhòngjīnshǔ-wūrǎn	n.	heavy metal pollution

练习

Exercises

一、连接意思相关的词语
Link the related words.

1. 环境   发展

2. 经济   流失

3. 水土   舒适

4. 产量   污染

5. 粮食   增加

6. 生活   丰收

一、連接意思相關的詞語

Link the related words.

1. 環境   發展

2. 經濟   流失

3. 水土   舒適

4. 產量   污染

5. 糧食   增加

6. 生活   豐收

二、选择合适的词语填空

Choose the most appropriate phrase to complete the sentence.

1. 现在_____是发达国家_____发展中国家都存在环境污染问题，_____发展中国家的情形尤为严重。

    a. 无论…还是…但是

    b. 不管…还是…所以

    c. 无论…或者…因为

2. 在农业方面，人们_____提高粮食、蔬菜、水果等农作物的产量，使用化肥和农药，_____粮食、蔬菜、水果丰收了，环境_____污染了。

    a. 因为…结果…还

    b. 为了…因为…被

    c. 为了…结果…却

3. _____社会总是要向前发展的，_____可能停滞不前，_____可能倒退回去。要发展势必会产生污染。

    a. 由于…不…更不

    b. 因为…很…也有

    c. 因此…有…更有

二、選擇合適的詞語填空

Choose the most appropriate phrase to complete the sentence.

1. 現在_____是發達國家_____發展中國家都存在環境污染問題，_____發展中國家的情形尤為嚴重。
   a. 無論…還是…但是
   b. 不管…還是…所以
   c. 無論…或者…因為

2. 在農業方面，人們_____提高糧食、蔬菜、水果等農作物的產量，使用化肥和農藥，_____糧食、蔬菜、水果豐收了，環境_____污染了。
   a. 因為…結果…還
   b. 為了…因為…被
   c. 為了…結果…卻

3. _____社會總是要向前發展的，_____可能停滯不前，_____可能倒退回去。要發展勢必會產生污染。
   a. 由於…不…更不
   b. 因為…很…也有
   c. 因此…有…更有

4. 那时候的天空_____是一蓝如洗、纤尘不染。现
   在_____说远山了，马路对面稍微高一点的楼层
   _____模糊一片。
   a. 肯定…不要…还是
   b. 一定…不要…都是
   c. 肯定…不要…就是

三、选择正确的答案
Choose the correct answer.

1. 为什么说环境保护是目前人类面临的一个非常重
   要的任务？
   a. 因为人类的生存环境在发展经济、建设现代
      化的过程中遭到了严重的污染。
   b. 因为人类的居住环境在发展经济、建设现代
      化的过程中遭到了严重的污染。
   c. 因为人类的饮食环境在发展经济、建设现代
      化的过程中遭到了严重的污染。

2. 为什么发展中国家环境污染的情形尤为严重？
   a. 因为经济发展突飞猛进，城市建设日新月
      异，所以环境保护却做得很不好。
   b. 因为经济发展突飞猛进，城市建设日新月
      异，然而环境保护却做得非常好。

4. 那時候的天空_____是一藍如洗、纖塵不染。現在_____說遠山了，馬路對面稍微高一點的樓層_____模糊一片。

    a. 肯定…不要…還是

    b. 一定…不要…都是

    c. 肯定…不要…就是

三、選擇正確的答案
Choose the correct answer.

1. 為什麼說環境保護是目前人類面臨的一個非常重要的任務？

    a. 因為人類的生存環境在發展經濟、建設現代化的過程中遭到了嚴重的污染。

    b. 因為人類的居住環境在發展經濟、建設現代化的過程中遭到了嚴重的污染。

    c. 因為人類的飲食環境在發展經濟、建設現代化的過程中遭到了嚴重的污染。

2. 為什麼發展中國家環境污染的情形尤為嚴重？

    a. 因為經濟發展突飛猛進，城市建設日新月異，所以環境保護卻做得很不好。

    b. 因為經濟發展突飛猛進，城市建設日新月異，然而環境保護卻做得非常好。

c. 因为经济发展突飞猛进，城市建设日新月异，然而环境保护却做得很不好。

3. 为什么说经济发展与环境保护是我们面前一个两难的选择？

    a. 因为社会总是要向前发展的，不可能停滞不前，要发展势必会产生污染。

    b. 因为社会总是要向前发展的，不可能停滞不前，要发展不一定产生污染。

    c. 因为社会总是要向前发展的，不可能停滞不前，要发展可能会产生污染。

4. "鱼与熊掌不可兼得"是什么意思？

    a. 意思是鱼也要，熊掌也要，两种东西都可以得到。

    b. 意思是不要鱼，不要熊掌，两种东西都不能得到。

    c. 意思是要么鱼，要么熊掌，只有一种东西能得到。

c. 因為經濟發展突飛猛進，城市建設日新月異，然而環境保護卻做得很不好。

3. 為什麼說經濟發展與環境保護是我們面前一個兩難的選擇？
    a. 因為社會總是要向前發展的，不可能停滯不前，要發展勢必會產生污染。
    b. 因為社會總是要向前發展的，不可能停滯不前，要發展不一定產生污染。
    c. 因為社會總是要向前發展的，不可能停滯不前，要發展可能會產生污染。

4. "魚與熊掌不可兼得"是什麼意思？
    a. 意思是魚也要，熊掌也要，兩種東西都可以得到。
    b. 意思是不要魚，不要熊掌，兩種東西都不能得到。
    c. 意思是要麼魚，要麼熊掌，只有一種東西能得到。

四、思考问题，说说你的看法

Think about the questions and talk about your perspective.

1. 为什么发展中国家比发达国家的环境污染严重？

2. 你们国家的环境受到污染了吗？你们是怎样保护环境的？

3. 你觉得既要发展经济，也要保护环境的做法可行吗？

四、思考問題，說說你的看法

Think about the questions and talk about your perspective.

1. 為什麼發展中國家比發達國家的環境污染嚴重？

2. 你們國家的環境受到污染了嗎？你們是怎樣保護環境的？

3. 你覺得既要發展經濟，也要保護環境的做法可行嗎？

八

◆ 电与环境 ◆
◆ 電與環境 ◆

Power and the Environment

自从人类发明了电，人们的生活就紧紧地和电连在了一起。仔细观察一下你的四周，日常生活中衣食住行没有一样能离开电的。每当狂风、暴雨、大雪造成大面积停电时，几乎所有的新闻报道都会用"瘫痪"二字形容那些没有电的地区。现代社会一旦没有了电，真的就像一个身体完全丧失运动能力的病人。

电的生产叫做发电，发电有很多方式，有风力发电、水力发电、火力发电、核能发电等等。风力发电就是利用风能生产电，风力发电不浪费资源，不污染空气，但是受区域和季节的限制。中国的风力发电主要在新疆、内蒙等空旷的地方以及山东、浙江、福建、广东等地的岛屿上。

水力发电是利用水能生产电，水力发电不浪费资源，不污染空气，但是有区域的限制，只能建在落差大的河流上，而且受雨季和旱季的影响。水力发电是要建造水坝的，水坝会影响四周的生态系统，中国在长江三峡建立了世界上最大的水电站，虽然它在电力供应和防洪方面起了很大的作用，但也出现了一些问题。

例如：长江有很多回游鱼类，这些鱼每年都要回溯到中上游去产卵，由于水电站的大坝阻挡了回游鱼群，破坏了鱼类的生活习性。据报道像中华鲟、长江豚一类的珍贵鱼种已明显减少，有的濒临自從人類發明了電，人們的生活就緊緊地和電連在了一起。仔細觀察一下你的四周，日常生活中衣食住行沒有一樣能離開電的。每當狂風、暴雨、大雪造成大面積停電時，幾乎所有的新聞報導都會用"癱瘓"二字形容那些沒有電的地區。現代社會一旦沒有了電，真的就像一個身體完全喪失運動能力的病人。

電的生產叫做發電，發電有很多方式，有風力發電、水力發電、火力發電、核能發電等等。風力發電就是利用風能生產電，風力發電不浪費資源，不污染空氣，但是受區域和季節的限制。中國的風力發電主要在新疆、內蒙等空曠的地方以及山東、浙江、福建、廣東等地的島嶼上。

水力發電是利用水能生產電，水力發電不浪費資源，不污染空氣，但是有區域的限制，只能建在落差大的河流上，而且受雨季和旱季的影響。水力發電是要建造水壩的，水壩會影響四周的生態系統，中國在長江三峽建立了世界上最大的水電站，雖然它在電力供應和防洪方面起了很大的作用，但也出現了一些問題。

例如：長江有很多回游魚類，這些魚每年都要回溯到中上游去產卵，由於水電站的大壩阻擋了回游魚群，破壞了魚類的生活習性。據報導像中華鱘、長江豚一類的珍貴魚種已明顯減少，有的瀕臨死亡。三峡大坝也造成历史文化遗产的破坏，大坝建成后水位提高，一些文物古迹都被淹没在水下。

火力发电利用燃烧煤炭产生的热能发电，它不受地区和季节限制，可以建在任何地方。但是火力发电消耗煤炭资源，而且污染空气。

核能发电是利用核裂变产生的热能发电，它不受地区和季节的限制，不浪费资源，不污染空气，但是核能发电存在很大的安全隐患。1986年4月前苏联时期的乌克兰境内切尔诺贝利核电站发生爆炸事故，造成严重的核泄漏，致使很多人得了癌症。此后周围30公里无人居住，28年过去了，那里仍然是一片废墟。

那么有没有一种没有污染、没有危险，不浪费资源、不破坏生态的发电方法呢？我想依人类的聪明才智，一定会有的。

死亡。三峽大壩也造成歷史文化遺產的破壞，大壩建成後水位提高，一些文物古跡都被淹沒在水下。

火力發電利用燃燒煤炭產生的熱能發電，它不受地區和季節限制，可以建在任何地方。但是火力發電消耗煤炭資源，而且污染空氣。

核能發電是利用核裂變產生的熱能發電，它不受地區和季節的限制，不浪費資源，不污染空氣，但是核能發電存在很大的安全隱患。1986年4月前蘇聯時期的烏克蘭境內切爾諾貝利核電站發生爆炸事故，造成嚴重的核洩漏，致使很多人得了癌症。此後周圍30公里無人居住，28年過去了，那裡仍然是一片廢墟。

那麼有沒有一種沒有污染、沒有危險，不浪費資源、不破壞生態的發電方法呢？我想依人類的聰明才智，一定會有的。

✦ 生词 ✦
✦ 生詞 ✦

New Vocabulary

	Simplified Characters	Traditional Characters	Pinyin	Part of Speech	English Definition
1.	面积	面積	miànji	*n.*	area
2.	停电	停電	tíngdiàn	*v.*	power cut; power failure
3.	报道	報導	bàodǎo	*v.*	report (news)
4.	瘫痪	癱瘓	tānhuàn	*v.*	be paralyzed
5.	一旦	一旦	yīdàn	*conj.*	once; in case
6.	丧失	喪失	sàngshī	*v.*	lose; forfeit
7.	发电	發電	fādiàn	*v.*	generate electricity
8.	核能	核能	hénéng	*n.*	nuclear energy
9.	浪费	浪費	làngfèi	*v.*	waste; squander
10.	资源	資源	zīyuán	*n.*	natural resources; resources
11.	区域	區域	qūyù	*n.*	region; area
12.	空旷	空曠	kōngkuàng	*adj.*	open; spacious
13.	岛屿	島嶼	dǎoyǔ	*n.*	islands
14.	落差	落差	luòchā	*n.*	difference

	Simplified Characters	Traditional Characters	Pinyin	Part of Speech	English Definition
15.	水坝	水壩	shuǐbà	n.	dam
16.	生态	生態	shēngtài	n.	ecology
17.	系统	系統	xìtǒng	n.	system
18.	三峡	三峽	sānxiá	n.	The Three Changjiang River Gorges
19.	水电站	水電站	shuǐ-diànzhàn	n.	hydroelectric (power) station
20.	电力	電力	diànlì	n.	electric power; power
21.	供应	供應	gōngyìng	v.	supply
22.	防洪	防洪	fánghóng	v.	prevent or control flood
23.	回游	回游	huíyóu	v.	return to a place of origin (as of fish)
24.	回溯	回溯	huísù	v.	recall; look back upon
25.	上游	上游	shàngyóu	n.	upper reaches (of a river)
26.	产卵	產卵	chǎnluǎn	v.	lay eggs; spawn
27.	阻挡	阻擋	zǔdǎng	v.	stop; resist
28.	珍贵	珍貴	zhēnguì	adj.	valuable; precious
29.	濒临	瀕臨	bīnlín	v.	be close to; border on
30.	遗产	遺產	yíchǎn	n.	legacy; inheritance
31.	文物	文物	wénwù	n.	culture relic; historical relic
32.	古迹	古跡	gǔjī	n.	historic site

	Simplified Characters	Traditional Characters	Pinyin	Part of Speech	English Definition
33.	淹没	淹沒	yānmò	*v.*	submerge; drown; flood
34.	燃烧	燃燒	ránshāo	*v.*	burn; kindle
35.	煤炭	煤炭	méitàn	*n.*	coal industry
36.	热能	熱能	rènéng	*n.*	heat (thermal) energy
37.	消耗	消耗	xiāohào	*v.*	consume; expend
38.	核裂变	核裂變	hélièbiàn	*n.*	nuclear fission
39.	隐患	隱患	yǐnhuàn	*n.*	hidden trouble; hidden danger
40.	苏联	蘇聯	sūlián	*prn.*	Soviet Union
41.	乌克兰	烏克蘭	Wūkèlán	*prn.*	Ukraine
42.	切尔诺贝利	切爾諾貝利	qièér-nuòbèilì	*prn.*	Chernobyl
43.	核电站	核電站	hédiànzhàn	*n.*	nuclear power plant
44.	爆炸	爆炸	bàozhà	*v.*	explode; blow up
45.	事故	事故	shìgù	*n.*	accident; mishap
46.	泄漏	洩漏	xièlòu	*v.*	leak; let out
47.	致使	致使	zhìshǐ	*v.*	cause; result in
48.	癌症	癌症	áizhèng	*n.*	cancer
49.	废墟	廢墟	fèixū	*n.*	ruins
50.	才智	才智	cáizhì	*n.*	ability and wisdom

| | ◆ 常见的有关家用电器的词语 ◆ |
| | ◆ 常見的有關家用電器的詞語 ◆ |

Common related words and phrases

	Simplified Characters	Traditional Characters	Pinyin	Part of Speech	English Definition
1.	电冰箱	電冰箱	diànbīngxiāng	n.	refrigerator
2.	电视机	電視機	diànshìjī	n.	television
3.	电风扇	電風扇	diànfēngshàn	n.	electric fan
4.	电热毯	電熱毯	diànrètǎn	n.	electric blanket
5.	电熨斗	電熨斗	diànyùndǒu	n.	electric iron
6.	电磁炉	電磁爐	diàncílú	n.	hot plate; induction burner
7.	电热杯	電熱杯	diànrèbēi	n.	electric cup
8.	电饭锅	電饭鍋	diànfànguō	n.	rice cooker
9.	电子琴	電子琴	diànzǐqín	n.	synthesizer; electronic keyboard
10.	洗衣机	洗衣機	xǐyījī	n.	washing machine
11.	微波炉	微波爐	wēibōlú	n.	microwave oven
12.	空调	空調	kōngtiáo	n.	air conditioning

一、连接意思相关的词语
Link the related words.

1. 发生　　　能力

2. 浪费　　　隐患

3. 存在　　　电力

4. 供应　　　生态

5. 影响　　　资源

6. 丧失　　　爆炸

一、連接意思相關的詞語
Link the related words.

1. 發生　　　能力

2. 浪費　　　隱患

3. 存在　　　電力

4. 供應　　　生態

5. 影響　　　資源

6. 喪失　　　爆炸

二、选择合适的词语填空
Choose the most appropriate phrase to complete the sentence.

1. 水力发电不浪费资源，不污染空气，_____有区域的限制，_____建在落差大的河流上，_____还受雨季和旱季的影响。
    a. 但是…只能…而且
    b. 可是…只好…不但
    c. 然而…只有…所以

2. 火力发电利用燃烧煤炭产生的热能发电，_____它不受地区和季节限制，可以建在任何地方，_____火力发电消耗煤炭资源，_____污染空气。
    a. 由于…但是…于是
    b. 虽然…但是…而且
    c. 因为…所以…而且

3. 每次狂风、暴雨、大雪造成大面积停电的_____，几乎_____的新闻报道都用"瘫痪"二字来_____那些没有电的地区。
    a. 时间…全部…讲述
    b. 时候…所有…形容
    c. 时期…每个…描写

二、選擇合適的詞語填空

Choose the most appropriate phrase to complete the sentence.

1. 水力發電不浪費資源，不污染空氣，＿＿＿＿有區域的限制，＿＿＿＿建在落差大的河流上，＿＿＿＿還受雨季和旱季的影響。
   a. 但是⋯只能⋯而且
   b. 可是⋯只好⋯不但
   c. 然而⋯只有⋯所以

2. 火力發電利用燃燒煤炭產生的熱能發電，＿＿＿＿它不受地區和季節限制，可以建在任何地方，＿＿＿＿火力發電消耗煤炭資源，＿＿＿＿污染空氣。
   a. 由於⋯但是⋯於是
   b. 雖然⋯但是⋯而且
   c. 因為⋯所以⋯而且

3. 每次狂風、暴雨、大雪造成大面積停電的＿＿＿＿，幾乎＿＿＿＿的新聞報導都用 "癱瘓" 二字來＿＿＿＿那些沒有電的地區。
   a. 時間⋯全部⋯講述
   b. 時候⋯所有⋯形容
   c. 時期⋯每個⋯描寫

4. 1986年4月前苏联时期的乌克兰境内切尔诺贝利核电站_____爆炸事故，_____严重的核泄漏，_____很多人得了癌症。
    a. 发生⋯致使⋯造成
    b. 致使⋯造成⋯发生
    c. 发生⋯造成⋯致使

三、选择正确的答案
Choose the correct answer.

1. 为什么新闻报道会用"瘫痪"二字来形容那些没有电的地区？
    a. 因为现代社会一回没有了电，就像一个身体完全丧失运动能力的病人。
    b. 因为现代社会一旦没有了电，就像一个身体完全丧失运动能力的病人。
    c. 因为现代社会一次没有了电，就像一个身体完全丧失运动能力的病人。

2. 中国的风力发电主要在哪里？
    a. 主要在新疆、内蒙等繁华的地方以及山东、浙江、福建、广东等地的城市里。
    b. 主要在新疆、内蒙等空旷的地方以及山东、浙江、福建、广东等地的岛屿上。

4. 1986年4月前蘇聯時期的烏克蘭境內切爾諾貝利核電站_____爆炸事故，_____嚴重的核洩漏，_____很多人得了癌症。
   a. 發生…致使…造成
   b. 致使…造成…發生
   c. 發生…造成…致使

三、選擇正確的答案
Choose the correct answer.

1. 為什麼新聞報導會用 "癱瘓" 二字來形容那些沒有電的地區?
   a. 因為現代社會一回沒有了電，就像一個身體完全喪失運動能力的病人。
   b. 因為現代社會一旦沒有了電，就像一個身體完全喪失運動能力的病人。
   c. 因為現代社會一次沒有了電，就像一個身體完全喪失運動能力的病人。

2. 中國的風力發電主要在哪裡?
   a. 主要在新疆、內蒙等繁華的地方以及山東、浙江、福建、廣東等地的城市裡。
   b. 主要在新疆、內蒙等空曠的地方以及山東、浙江、福建、廣東等地的島嶼上。

    c. 主要在新疆、内蒙等拥挤的地方以及山东、浙江、福建、广东等地的乡村中。

3. 核能发电存在很大的安全隐患，为什么人们还要建造核电站？
    a. 因为它不受地区和季节的限制，不浪费资源，不污染空气。
    b. 因为它不受地区和季节的限制，不污染资源，不浪费空气。
    c. 因为它不受风能和水能的限制，不浪费资源，不污染空气。

4. 火力发电的优缺点有哪些？
    a. 火力发电不受地区和季节限制，但是破坏文物古迹，污染空气。
    b. 火力发电不受地区和季节限制，但是消耗煤炭资源，污染空气。
    c. 火力发电不受地区和季节限制，但是存在安全隐患，污染空气。

c. 主要在新疆、內蒙等擁擠的地方以及山東、浙江、福建、廣東等地的鄉村中。

3. 核能發電存在很大的安全隱患，為什麼人們還要建造核電站？
    a. 因為它不受地區和季節的限制，不浪費資源，不污染空氣。
    b. 因為它不受地區和季節的限制，不污染資源，不浪費空氣。
    c. 因為它不受風能和水能的限制，不浪費資源，不污染空氣。

4. 火力發電的優缺點有哪些？
    a. 火力發電不受地區和季節限制，但是破壞文物古跡，污染空氣。
    b. 火力發電不受地區和季節限制，但是消耗煤炭資源，污染空氣。
    c. 火力發電不受地區和季節限制，但是存在安全隱患，污染空氣。

四、思考问题，说说你的看法

Think about the questions and talk about your perspective.

1. 讲述一下各种发电方法的优缺点。

2. 你认为发电与环境保护之间的矛盾应该怎么解决？

3. 描述一下在没有电的情况下你的生活会是一种什么样的情形。

四、思考問題，說說你的看法

Think about the questions and talk about your perspective.

1. 講述一下各種發電方法的優缺點。

2. 你認為發電與環境保護之間的矛盾應該怎麼解決？

3. 描述一下在沒有電的情況下你的生活會是一種什麼樣的情形。

九

◆ 武器与战争 ◆
◆ 武器與戰爭 ◆

Weapons and Warfare

武器最早不是用于战争的，是用来狩猎和抵御野兽侵害的。史书上有一首原始社会的歌谣："断竹、续竹，飞土、逐鹿。"它的意思是：把竹子砍下来，连接在一起，扬起一路尘土，追逐刺杀麋鹿。从这首歌谣中我们知道竹子是当时狩猎的工具，是刺杀猎物的武器。后来部落与部落之间为争夺资源出现了争斗，发生了战争，于是原本用于狩猎的武器被用于人与人之间的相互残杀了。

远古时期人们除了用竹竿和树枝以外，还用石头做武器，考古学家在世界各地发现了许多石器时代的石斧、石戈、石矛、石刀等石制武器。后来人类进入青铜时代，人们又用青铜制作武器，青铜制作的斧、戈、矛、刀要比石制的锋利得多。到了铁器时代，铁制武器的硬度和韧性又胜过青铜。隋唐时期中国发明了火药，武器从此发生了巨大变化，出现了枪、炮、炸弹之类用于远距离的武器。

近百年来世界各国在研制武器方面投入了大量的财力和人力，除了各种常规武器外，还制造出了生物武器、化学武器以及具有大面积杀伤力的核武器。这些武器给人类带来了巨大的灾难，1914年第一次世界大战交战双方伤亡人数为3000多万，1939年第二次世界大战总伤亡的人数超过9000多万。最恐怖的是原子弹，1945年美国在日本广岛投放的原子弹，一次就夺走了十几万人的生命。

武器最早不是用於戰爭的，是用來狩獵和抵禦野獸侵害的。史書上有一首原始社會的歌謠：“斷竹、續竹，飛土、逐鹿。”它的意思是：把竹子砍下來，連接在一起，揚起一路塵土，追逐刺殺麋鹿。從這首歌謠中我們知道竹子是當時狩獵的工具，是刺殺獵物的武器。後來部落與部落之間為爭奪資源出現了爭鬥，發生了戰爭，於是原本用於狩獵的武器被用於人與人之間的相互殘殺了。

遠古時期人們除了用竹竿和樹枝以外，還用石頭做武器，考古學家在世界各地發現了許多石器時代的石斧、石戈、石矛、石刀等石製武器。後來人類進入青銅時代，人們又用青銅製作武器，青銅製作的斧、戈、矛、刀要比石製的鋒利得多。到了鐵器時代，鐵製武器的硬度和韌性又勝過青銅。隋唐時期中國發明了火藥，武器從此發生了巨大變化，出現了槍、炮、炸彈之類用於遠距離的武器。

近百年來世界各國在研製武器方面投入了大量的財力和人力，除了各種常規武器外，還製造出了生化武器、化學武器以及具有大面積殺傷力的核武器。這些武器給人類帶來了巨大的災難，1914年第一次世界大戰交戰雙方傷亡人數為3000多萬，1939年第二次世界大戰總傷亡的人數超過9000多萬。最恐怖的是原子彈，1945年美國在日本廣島投放的原子彈，一次就奪走了十幾萬人的生命。

现代社会科学技术越来越发达，人们预防和治疗疾病的水平越来越高；对地震、山火、洪水、飓风等自然灾害的防范能力越来越强，同时人们研制各类新式武器的杀伤力也越来越大，武器给人们造成的危害远远大于疾病和自然灾害。

第二次世界大战结束至今，国际上虽然没有再发生世界性的大规模战争，但是各个国家的军备竞赛却从来没有间断过。所有的国家都在不断地研发武器、制造武器、购买武器，其目的是保护自己，威慑他人。

武器本来是人类对付野兽的，现在却给人类自己带来极大的危害。怎样才能改变这种状况呢？怎样防止战争发生、阻止核武器的使用？这是全世界人民都需要认真思考的问题。

現代社會科學技術越來越發達，人們預防和治療疾病的水平越來越高；對地震、山火、洪水、颱風等自然災害的防範能力越來越強，同時人們研製各類新式武器的殺傷力也越來越大，武器給人們造成的危害遠遠大於疾病和自然災害。

　　第二次世界大戰結束至今，國際上雖然沒有再發生世界性的大規模戰爭，但是各個國家的軍備競賽卻從來沒有間斷過。所有的國家都在不斷地研發武器、製造武器、購買武器，其目的是保護自己，威懾他人。

　　武器本來是人類對付野獸的，現在卻給人類自己帶來極大的危害。怎樣才能改變這種狀況呢？怎樣防止戰爭發生、阻止核武器的使用？這是全世界人民都需要認真思考的問題。

✦ 生词 ✦
✦ 生詞 ✦

New Vocabulary

	Simplified Characters	Traditional Characters	Pinyin	Part of Speech	English Definition
1.	战争	戰爭	zhànzhēng	*n.*	war; warfare
2.	狩猎	狩獵	shòuliè	*v.*	hunt
3.	抵御	抵禦	dǐyù	*v.*	resist; withstand
4.	野兽	野獸	yěshòu	*n.*	wild beast; wild animal
5.	侵害	侵害	qīnhài	*v.*	encroach on; make inroads on
6.	歌谣	歌謠	gēyáo	*n.*	ballad; folk song
7.	扬起	揚起	yángqǐ	*v.*	kick up
8.	尘土	塵土	chéntǔ	*n.*	dust
9.	追逐	追逐	zhuīzhú	*v.*	chase
10.	刺杀	刺殺	cìshā	*v.*	stab and kill
11.	麋鹿	麋鹿	mílù	*n.*	David's deer (a species of deer common in China)
12.	猎物	獵物	lièwù	*n.*	prey
13.	部落	部落	bùluò	*n.*	tribe; clan

Simplified Characters	Traditional Characters	Pinyin	Part of Speech	English Definition
14. 竹竿	竹竿	zhúgān	n.	bamboo pole; bamboo
15. 石器	石器	shíqì	n.	stone implement; stone artifact
16. 戈	戈	gē	n.	dagger-axe
17. 矛	矛	máo	n.	spear; lance
18. 青铜	青銅	qīngtóng	n.	bronze
19. 锋利	鋒利	fēnglì	adj.	sharp; keen
20. 硬度	硬度	yìngdù	n.	hardness
21. 韧性	韌性	rènxìng	n.	toughness; tenacity
22. 胜过	勝過	shèngguò	v.	excel
23. 炸弹	炸彈	zhàdàn	n.	bomb
24. 研制	研製	yánzhì	v.	manufacture; develop
25. 财力	財力	cáilì	n.	financial resources; capital resources
26. 杀伤力	殺傷力	shāshānglì	n.	deadliness
27. 灾难	災難	zāinàn	n.	disaster
28. 世界大战	世界大戰	shìjiè-dàzhàn	n.	world war
29. 交战	交戰	jiāozhàn	v.	be at war; fight
30. 伤亡	傷亡	shāngwáng	v.	injuries and deaths; casualties
31. 恐怖	恐怖	kǒngbù	adj.	terrifying
32. 原子弹	原子彈	yuánzǐdàn	n.	atomic bomb

Simplified Characters	Traditional Characters	Pinyin	Part of Speech	English Definition
33. 广岛	廣島	guǎngdǎo	*prn.*	Hiroshima
34. 投放	投放	tóufàng	*v.*	throw in; put in
35. 夺走	奪走	duózǒu	*v.*	take away
36. 预防	預防	yùfáng	*v.*	prevent; take precautions against
37. 治疗	治療	zhìliáo	*v.*	treat; cure
38. 疾病	疾病	jíbìng	*n.*	disease; illness
39. 地震	地震	dìzhèn	*n.*	earthquake
40. 山火	山火	shānhuǒ	*n.*	forest fire
41. 防范	防範	fángfàn	*v.*	be on guard; keep a lookout
42. 危害	危害	wēihài	*v.*	harm; endanger
43. 大规模	大規模	dàguīmó	*adj.*	large-scale; extensive
44. 军备	軍備	jūnbèi	*n.*	armament; arms
45. 竞赛	競賽	jìngsài	*n.*	contest; competition
46. 间断	間斷	jiànduàn	*v.*	stop constantly; be disconnected; be interrupted
47. 研发	研發	yánfā	*v.*	research and develop
48. 威慑	威懾	wēishè	*v.*	deter; intimidate
49. 对付	對付	duìfu	*v.*	deal with; cope with
50. 阻止	阻止	zǔzhǐ	*v.*	prevent; stop

♦ 常见的有关武器的词语 ♦
◆ 常見的有關武器的詞語 ◆

Common related words and phrases

	Simplified Characters	Traditional Characters	Pinyin	Part of Speech	English Definition
1.	生物武器	生物武器	shēngwùwǔqì	*n.*	biological weapon
2.	化学武器	化學武器	huàxuéwǔqì	*n.*	chemical weapon
3.	细菌武器	細菌武器	xìjūnwǔqì	*n.*	germ-based weapon
4.	电子武器	電子武器	diànzǐwǔqì	*n.*	electronic weapon
5.	激光武器	激光武器	jīguāngwǔqì	*n.*	laser weapon
6.	核武器	核武器	héwǔqì	*n.*	nuclear weapon
7.	先进武器	先進武器	xiānjìnwǔqì	*n.*	advanced weapon
8.	新式武器	新式武器	xīnshìwǔqì	*n.*	modern weapon
9.	秘密武器	秘密武器	mìmìwǔqì	*n.*	secret weapon
10.	自动武器	自動武器	zìdòngwǔqì	*n.*	automatic weapon
11.	战略武器	戰略武器	zhànlüèwǔqì	*n.*	strategic weapon
12.	常规武器	常規武器	chángguīwǔqì	*n.*	conventional weapon

<table>
<tr><td></td><td></td></tr>
<tr><td colspan="2" align="center">练习</td></tr>
<tr><td colspan="2" align="center">Exercises</td></tr>
</table>

一、连接意思相关的词语
Link the related words.

....

1. 制造   状况

2. 刺杀   疾病

3. 治疗   生命

4. 发生   野兽

5. 改变   武器

6. 夺走   战争

練習

Exercises

一、連接意思相關的詞語
Link the related words.

....

1. 製作　　　　　狀況

2. 刺殺　　　　　疾病

3. 治療　　　　　生命

4. 發生　　　　　野獸

5. 改變　　　　　武器

6. 奪走　　　　　戰爭

二、选择合适的词语填空

Choose the most appropriate phrase to complete the sentence.

1. 武器最早不是＿＿＿＿＿战争的，是＿＿＿＿＿狩猎和抵御野兽侵害的。
   a. 用来…用来
   b. 用来…用于
   c. 用于…用来

2. 各国＿＿＿＿＿各种常规武器外，＿＿＿＿＿制造出了生物武器、化学武器＿＿＿＿＿具有大面积杀伤力的核武器。
   a. 除了…还…以及
   b. 除了…也…而且
   c. 除了…又…并且

3. 第二次世界大战结束至今，国际上＿＿＿＿＿没有再发生世界性的大规模战争，＿＿＿＿＿各个国家的军备竞赛＿＿＿＿＿从来没有间断过。
   a. 尽管…但是…而
   b. 虽然…但是…却
   c. 既然…但是…就

二、選擇合適的詞語填空

Choose the most appropriate phrase to complete the sentence.

1. 武器最早不是_____戰爭的，是_____狩獵和抵禦野獸侵害的。

   a. 用來…用來

   b. 用來…用於

   c. 用於…用來

2. 各國_____各種常規武器外，_____製造出了生化武器、化學武器_____具有大面積殺傷力的核武器。

   a. 除了…還…以及

   b. 除了…也…而且

   c. 除了…又…並且

3. 第二次世界大戰結束至今，國際上_____沒有再發生世界性的大規模戰爭，_____各個國家的軍備競賽_____從來沒有間斷過。

   a. 儘管…但是…而

   b. 雖然…但是…卻

   c. 既然…但是…就

4. 武器_____是人类对付野兽的，_____却给人类自己带来了极大的危害。_____才能改变这种状况呢？

    a. 原来…过去…什么

    b. 从来…以后…怎么

    c. 本来…现在…怎样

三、选择正确的答案
Choose the correct answer.

1. 从"断竹、续竹，飞土、逐鹿"这首歌谣中我们知道什么？

    a. 我们知道竹子是当时打仗的工具，是刺杀敌人的武器。

    b. 我们知道竹子是当时狩猎的工具，是刺杀猎物的武器。

    c. 我们知道竹子是当时砍柴的工具，是保护自己的武器。

2. 现代越来越发达的科学技术使得人们

    a. 治疗疾病的水平越来越强，防范灾害的能力越来越高，制造的武器杀伤力越来越大。

    b. 治疗疾病的水平越来越高，防范灾害的能力越来越强，制造的武器杀伤力越来越大。

4. 武器_____是人類對付野獸的，_____卻給人類
自己帶來了極大的危害。_____才能改變這種狀
況呢？
   a. 原來…過去…什麼
   b. 從來…以後…怎麼
   c. 本來…現在…怎樣

三、選擇正確的答案
Choose the correct answer.

1. 從"斷竹、續竹，飛土、逐鹿"這首歌謠中我們
知道什麼？
   a. 我們知道竹子是當時打仗的工具，是刺殺敵
人的武器。
   b. 我們知道竹子是當時狩獵的工具，是刺殺獵
物的武器。
   c. 我們知道竹子是當時砍柴的工具，是保護自
己的武器。

2. 現代越來越發達的科學技術使得人們
   a. 治療疾病的水平越來越強，防範災害的能力
越來越高，製造的武器殺傷力越來越大。
   b. 治療疾病的水平越來越高，防範災害的能力
越來越強，製造的武器殺傷力越來越大。

c. 治疗疾病的水平越来越大，防范灾害的能力越来越高，制造的武器杀伤力越来越强。

3. 现在全世界人民都需要认真思考的问题是
   a. 怎样防止战争发生、阻止核武器的使用？
   b. 怎样停止战争发生、制止核武器的使用？
   c. 怎样制止战争发生、停止核武器的使用？

4. 在科学技术越来越发达的现代社会
   a. 疾病给人们造成的危害远远大于武器和自然灾害。
   b. 自然灾害给人们造成的危害远远大于疾病和武器。
   c. 武器给人们造成的危害远远大于疾病和自然灾害。

四、思考问题，说说你的看法
Think about the questions and talk about your perspective.

1. 为什么人们要把很多金钱和人力用在研制武器上？

2. 武器越来越先进是不是表示社会越来越进步？为什么？

3. 怎样才能防止战争发生以及核武器的使用？

c. 治療疾病的水平越來越大，防範災害的能力越來越高，製造的武器殺傷力越來越強。

3. 現在全世界人民都需要認真思考的問題是
   a. 怎樣防止戰爭發生、阻止核武器的使用？
   b. 怎樣停止戰爭發生、制止核武器的使用？
   c. 怎樣制止戰爭發生、停止核武器的使用？

4. 在科學技術越來越發達的現代社會
   a. 疾病給人們造成的危害遠遠大於武器和自然災害。
   b. 自然災害給人們造成的危害遠遠大於疾病和武器。
   c. 武器給人們造成的危害遠遠大於疾病和自然災害。

四、思考問題，說說你的看法
Think about the questions and talk about your perspective.

1. 為什麼人們要把很多金錢和人力用在研製武器上？

2. 武器越來越先進是不是表示社會越來越進步？為什麼？

3. 怎樣才能防止戰爭發生以及核武器的使用？

十

◆ 汉字与中华民族 ◆
◆ 漢字與中華民族 ◆

Chinese Characters and the People of China

世界上曾经有过四大古文字：苏美尔文字、古埃及文字、中国文字和玛雅文字，如今除了中国文字以外，其它三种文字早已经不再使用，中国文字——汉字是世界上唯一使用了3000多年目前仍然使用的文字。

文字本来是记录语言的符号，是人们交际的辅助工具，但是由于汉字具有象形和表意的性质，所以它除了记录语言、交流思想外，还承载了丰富的传统文化。几千年来用汉字记录的历史、文学、哲学等中华文化典籍汗牛充栋、浩如烟海，中国悠久的历史和灿烂的文化借助汉字这个载体得以传承下来。

因为汉字字体和字义具有相当高的稳定性，所以汉字有一种超越时间的功能，这种功能可以让现代人阅读历史各个时代的书籍。例如：今天的小学生可以轻松地朗读唐朝李白"床前明月光，疑是地上霜。举头望明月，低头思故乡"的诗句；也能很容易地看懂春秋时期孔子"有朋自远方来，不亦乐乎"这句话的含义，还有的学者要在2000多年前的儒家学说中找到治理当今世界的药方。

汉字不但有超越时间的功能，还具有超越空间的功能。中国疆域辽阔、方言众多，许多方言的语音差别非常大。但是由于天南海北的中国人使用的是同一种文字，所以当他们听不懂对方的话时，可世界上曾經有過四大古文字：蘇美爾文字、古埃及文字、中國文字和瑪雅文字，如今除了中國文字以外，其它三種文字早已經不再使用，中國文字——漢字是世界上唯一使用了3000多年目前仍然使用的文字。

文字本來是記錄語言的符號，是人們交際的輔助工具，但是由於漢字具有象形和表意的性質，所以它除了記錄語言、交流思想外，還承載了豐富的傳統文化。幾千年來用漢字記錄的歷史、文學、哲學等中華文化典籍汗牛充棟、浩如煙海，中國悠久的歷史和燦爛的文化借助漢字這個載體得以傳承下來。

因為漢字字體和字義具有相當高的穩定性，所以漢字有一種超越時間的功能，這種功能可以讓現代人閱讀歷史各個時代的書籍。例如：今天的小學生可以輕鬆地朗讀唐朝李白“床前明月光，疑是地上霜。舉頭望明月，低頭思故鄉”的詩句；也能很容易地看懂春秋時期孔子“有朋自遠方來，不亦樂乎”這句話的含義，還有的學者要在2000多年前的儒家學說中找到治理當今世界的藥方。

漢字不但有超越時間的功能，還具有超越空間的功能。中國疆域遼闊、方言眾多，許多方言的語音差別非常大。但是由於天南海北的中國人使用的是同一種文字，所以當他們聽不懂對方的話時，可以借助文字来进行交流。例如："上街"的"街"普通话读jie，湖南话读gai，闽南话读jue，上海话读ga，不同方言区的读音虽然不一样，但是写出来的汉字一样，表示一样的意思。

汉字超越时空的功能使其具有一种很强的凝聚力，这种凝聚力让中国这个文化底蕴深厚的泱泱大国几千年来承前启后，继往开来。试想一下，如果我们现在放弃汉字，改用拼音文字，中国的传统文化将会流失，悠久的历史就会断裂；如果我们以前使用的是拼音文字，那么不同方言区的人就无法交流。长此以往，国家就有可能分裂，泱泱之大国也许早就不存在了。

汉字是中华民族的灵魂，它承载中华文化，传播中华文明，凝聚中华民族。世界上众多的文字中，大概只有汉字可以让一个民族延续不断，昌盛不衰。

以借助文字來進行交流。例如："上街"的"街"普通話讀jie，湖南話讀gai，閩南話讀jue，上海話讀ga，不同方言區的讀音雖然不一樣，但是寫出來的漢字一樣，表示一樣的意思。

漢字超越時空的功能使其具有一種很強的凝聚力，這種凝聚力讓中國這個文化底蘊深厚的泱泱大國幾千年來承前啟後，繼往開來。試想一下，如果我們現在放棄漢字，改用拼音文字，中國的傳統文化將會流失，悠久的歷史就會斷裂；如果我們以前使用的是拼音文字，那麼不同方言區的人就無法交流。長此以往，國家就有可能分裂，泱泱之大國也許早就不復存在了。

漢字是中華民族的靈魂，它承載中華文化，傳播中華文明，凝聚中華民族。世界上眾多的文字中，大概只有漢字可以讓一個民族延續不斷，昌盛不衰。

New Vocabulary

	Simplified Characters	Traditional Characters	Pinyin	Part of Speech	English Definition
1.	苏美尔文字	蘇美爾文字	Sūměiěr-wénzì	n.	Sumerian writing
2.	埃及文字	埃及文字	Āijíwénzì	n.	Egyptian writing
3.	玛雅文字	瑪雅文字	Mǎyǎwénzì	n.	Mayan writing
4.	唯一	唯一	wéiyī	adj.	sole; unique; only
5.	符号	符號	fúhào	n.	symbol; mark
6.	交际	交際	jiāojì	v.	social intercourse; communicate
7.	辅助	輔助	fǔzhù	v.	assist; supplement
8.	表意	表意	biǎoyì	v.	indicate meaning, ideograph
9.	性质	性質	xìngzhì	n.	quality; character
10.	承载	承載	chéngzài	v.	bear (as of abstract concepts, such as culture, meaning, etc.)
11.	丰富	豐富	fēngfù	adj.	rich; abundant
12.	典籍	典籍	diǎnjí	n.	ancient books and records

	Simplified Characters	Traditional Characters	Pinyin	Part of Speech	English Definition
13.	汗牛充栋	汗牛充棟	hànniú-chōngdòng	*id.*	enough books to make the ox carrying them sweat or to fill a house to the rafters (have an immense number of books)
14.	浩如烟海	浩如煙海	hàorúyānhǎi	*id.*	vast as the ocean (as of data, etc.); tremendous amount of
15.	载体	載體	zàitǐ	*n.*	carrier
16.	得以	得以	déyǐ	*conj.*	so that ... can (or may)
17.	传承	傳承	chuánchéng	*v.*	inherit
18.	稳定性	穩定性	wěndìngxìng	*n.*	stability
19.	轻松	輕鬆	qīngsōng	*adj.*	light; relaxed; delighted
20.	朗读	朗讀	lǎngdú	*v.*	read loudly and clearly
21.	疑	疑	yí	*v.*	suspect
22.	举	舉	jǔ	*v.*	raise
23.	思	思	sī	*v.*	think; miss
24.	故乡	故鄉	gùxiāng	*n.*	hometown
25.	亦	亦	yì	*adv.*	also
26.	不亦乐乎	不亦樂乎	bùyìlèhū	*id.*	extremely happy
27.	儒家	儒家	rújiā	*prn.*	Confucianism
28.	学说	學說	xuéshuō	*n.*	theory
29.	治理	治理	zhìlǐ	*v.*	administer; govern

Simplified Characters	Traditional Characters	Pinyin	Part of Speech	English Definition
30. 药方	藥方	yàofāng	n.	prescription
31. 超越	超越	chāoyuè	v.	surpass
32. 疆域	疆域	jiāngyù	n.	territory; domain
33. 差别	差別	chābié	n.	difference
34. 天南海北	天南海北	tiānnán-hǎiběi	id.	all over the country; widespread
35. 同一	同一	tóngyī	adj.	same; identical
36. 底蕴	底蘊	dǐyùn	n.	inside information; details
37. 深厚	深厚	shēnhòu	adj.	deep; profound
38. 泱泱	泱泱	yāngyāng	adj.	(of waters) vast; magnificent
39. 承前启后	承前啟後	chéngqián-qǐhòu	id.	serve as a link between past and future
40. 继往开来	繼往開來	jìwǎngkāilái	id.	carry on a legacy and forge ahead into future (keep a tradition and adapt to the future)
41. 试想	試想	shìxiǎng	v.	try to think; speculate
42. 放弃	放棄	fàngqì	v.	abandon; give up
43. 断裂	斷裂	duànliè	v.	fault; collapsing
44. 长此以往	長此以往	chángcǐ-yǐwǎng	id	if things go on like this
45. 分裂	分裂	fēnliè	v.	split; divide

Simplified Characters	Traditional Characters	Pinyin	Part of Speech	English Definition
46. 不复存在	不復存在	bùfùcúnzài	*id.*	be no longer in existence
47. 灵魂	靈魂	línghún	*n.*	soul; spirit
48. 传播	傳播	chuánbō	*v.*	disseminate; spread
49. 延续不断	延續不斷	yánxù-bùduàn	*id.*	go on forever
50. 昌盛不衰	昌盛不衰	chāngshèng-bùhuāi	*id.*	be forever prosperous

◆ 世界上使用最为频繁的语言 ◆
◆ 世界上使用最为频繁的语言 ◆

Common related words and phrases

Simplified Characters	Traditional Characters	Pinyin	Part of Speech	English Definition
1. 英语	英語	yīngyǔ	n.	English
2. 法语	法語	fǎyǔ	n.	French
3. 汉语	漢語	hànyǔ	n.	Chinese
4. 俄语	俄語	éyǔ	n.	Russian
5. 西班牙语	西班牙語	xībānyáyǔ	n.	Spanish
6. 印地语	印地語	yìndìyǔ	n.	Hindi
7. 阿拉伯语	阿拉伯語	ālābóyǔ	n.	Arabic
8. 日语	日語	rìyǔ	n.	Japanese
9. 德语	德語	déyǔ	n.	German
10. 意大利语	義大利語	yìdàlìyǔ	n.	Italian
11. 葡萄牙语	葡萄牙語	pútáoyáyǔ	n.	Portuguese
12. 韩语	韓語	hányǔ	n.	Korean

一、连接意思相关的词语
Link the related words.

1. 疆域   分裂

2. 底蕴   辽阔

3. 文化   深厚

4. 历史   众多

5. 方言   灿烂

6. 国家   悠久

練習

Exercises

一、連接意思相關的詞語

Link the related words.

1. 疆域   分裂

2. 底蘊   遼闊

3. 文化   深厚

4. 歷史   眾多

5. 方言   燦爛

6. 國家   悠久

二、选择合适的词语填空

Choose the most appropriate phrase to complete the sentence.

1. 很多字在中国不同方言区的读音_____不一样，_____写出来的汉字一样，_____表示一样的意思。
   a. 虽然…但是…而且
   b. 虽然…所以…并且
   c. 虽然…于是…而且

2. 文字本来是记录语言的符号，但是_____汉字具有象形和表意的性质，_____它除了记录语言、交流思想外，_____承载了丰富的传统文化。
   a. 由于…因此…又
   b. 由于…所以…还
   c. 因为…于是…也

3. _____我们现在放弃汉字，改用拼音文字，_____中国的传统文化_____会流失，悠久的历史_____会断裂。
   a. 要是…这么…将…就
   b. 如果…于是…就…将
   c. 如果…那么…将…就

二、選擇合適的詞語填空

Choose the most appropriate phrase to complete the sentence.

1. 很多字在中國不同方言區的讀音_____不一樣，
   _____寫出來的漢字一樣，_____表示一樣的意
   思。
   a. 雖然…但是…而且
   b. 雖然…所以…並且
   c. 雖然…於是…而且

2. 文字本來是記錄語言的符號，但是_____漢字具
   有象形和表意的性質，_____它除了記錄語言、
   交流思想外，_____承載了豐富的傳統文化。
   a. 由於…因此…又
   b. 由於…所以…還
   c. 因為…於是…也

3. _____我們現在放棄漢字，改用拼音文字，
   _____中國的傳統文化_____會流失，悠久的歷
   史_____會斷裂。
   a. 要是…這麼…將…就
   b. 如果…於是…就…將
   c. 如果…那麼…將…就

4. 汉字超越时空的功能_____其具有一种很强的凝
   聚力，这种凝聚力_____中国这个文化底蕴深厚
   的泱泱大国几千年来得_____承前启后，继往开
   来。

       a. 使…让…以
       b. 让…使…以
       c. 使…让…到

三、选择正确的答案
Choose the correct answer.

1. 世界上四大古文字中哪种文字目前已经不再使
   用了？
       a. 苏美尔文字、古埃及文字和玛雅文字。
       b. 苏美尔文字、古埃及文字和中国文字。
       c. 古埃及文字、中国文字和玛雅文字。

2. 汉字为什么具有一种很强的凝聚力？
       a. 因为汉字具有超越空间的功能。
       b. 因为汉字具有超越时间的功能。
       c. 因为汉字具有超越时空的功能。

3. 为什么汉字能够承载中国传统文化？
       a. 因为汉字具有记录语言的作用，记录了中国
         的历史、文学、哲学等。

4. 漢字超越時空的功能＿＿＿＿其具有一種很強的凝聚力，這種凝聚力＿＿＿＿中國這個文化底蘊深厚的泱泱大國幾千年來得＿＿＿＿承前啟後，繼往開來。

    a. 使…讓…以

    b. 讓…使…以

    c. 使…讓…到

三、選擇正確的答案
Choose the correct answer.

....

1. 世界上四大古文字中哪種文字目前已經不再使用了？

    a. 蘇美爾文字、古埃及文字和瑪雅文字。

    b. 蘇美爾文字、古埃及文字和中國文字。

    c. 古埃及文字、中國文字和瑪雅文字。

2. 漢字為什麼具有一種很強的凝聚力？

    a. 因為漢字具有超越空間的功能。

    b. 因為漢字具有超越時間的功能。

    c. 因為漢字具有超越時空的功能。

3. 為什麼漢字能夠承載中國傳統文化？

    a. 因為漢字具有記錄語言的作用，記錄了中國的歷史、文學、哲學等。

b. 因为汉字具有交流思想的作用，记录了中国的历史、文学、哲学等。

c. 因为汉字有象形和表意的性质，记录了中国的历史、文学、哲学等。

4. 为什么现代中国人可以看懂历史上各个时代的书籍？

a. 因为汉字本身有很强的象形和表意的性质，有一种超越时间的功能。

b. 因为汉字的字体和字义有相当高的稳定性，有一种超越时间的功能。

c. 因为汉字可以记录古代名人的语言和思想，有一种超越时间的功能。

四、思考问题，说说你的看法

Think about the questions and talk about your perspective.

1. 你知道哪些汉字是象形和表意的？

2. 你认为汉字和别的文字有什么不同？

3. 你知道是什么原因使汉字成为世界上唯一使用了3000多年目前仍然使用的文字？

b. 因為漢字具有交流思想的作用，記錄了中國的歷史、文學、哲學等。

c. 因為漢字有象形和表意的性質，記錄了中國的歷史、文學、哲學等。

4. 為什麼現代中國人可以看懂歷史上各個時代的書籍？

a. 因為漢字本身有很強的象形和表意的性質，有一種超越時間的功能。

b. 因為漢字的字體和字義有相當高的穩定性，有一種超越時間的功能。

c. 因為漢字可以記錄古代名人的語言和思想，有一種超越時間的功能。

四、思考問題，說說你的看法

Think about the questions and talk about your perspective.

1. 你知道哪些漢字是象形和表意的？

2. 你認為漢字和別的文字有什麼不同？

3. 你知道是什麼原因使漢字成為世界上唯一使用了3000多年目前仍然使用的文字？

◆ 附录一 拼音课文 ◆

Appendix 1 Texts with Pinyin

一

坐 看 云 起 时
zuò kàn yún qǐ shí

云是飘浮在天上的。虽然我们每天都看得到它，但是摸也摸不到。摸不到不是因为它高高在上，是因为云是一种水汽，是聚集在一起的水汽，所以即便在高山云雾之中，你也无法把它捧在手中，揣在怀里。这种水汽聚集在接近地面时叫"雾"，升到天空中叫"云"。因此人们常常把它们连起来说，例如："云雾缭绕"、"腾云驾雾"、"云消雾散"、"拨开云雾见青天"等等。

古时候人们十分喜欢

看云,唐朝诗人王维有一首诗说:"行到水穷处,坐看云起时。"意思是诗人沿着山涧登山,走到水流消失之处,坐下来看身边飘起的白云。在中国古代,许多地方都有专门看云的观云台、望云亭等。

人们为什么喜欢看云呢?因为云能给人们带来一种美的享受。一片片卷曲、舒展、变幻的白云,在蓝蓝的天空里,时而像朵朵繁花,时而似缕缕银丝;一层层的云端,广袤无际,为天空增添了许多生动和妩媚。尤其是清晨、傍晚时分,绚丽多彩的云霞,把天空渲染得绚丽灿烂,为大地增添了光辉。

云还能给人们一种启发，古人说，你静静看那些来去无踪、如梦似幻的云，看久了，就会有一些遐想，会悟出一些人生哲理。古人喜欢的不止是云舒卷自如、婀娜多姿的形状，更喜欢云无拘无束、无所欲求的性格。

晋代诗人陶渊明说："云无心以出岫，鸟倦飞而知还。"这句话表面上说云从深山中飘浮出来，是无心之举，鸟飞累了，知道要回窝；实际上是说诗人自己出来做官，如今像倦飞的鸟，要辞官回家，归向深山，归隐深山，就像一样，并非本意。唐代诗人焦郁在《白云向空尽》……

诗中说："白云升远岫，摇曳入晴空。乘化随舒卷，无心任始终。"把它翻译成现代汉语就是，白云从远山中升起，摇摇摆摆飘向晴空。无拘无束伸展卷曲，无所欲求任其生灭。云原本是一种自然现象，无思维，亦无性格，是古人据其特性赋予了它一种性格，并以此作为当时人们的一种行为准则。古人总是喜欢把自己的思想加在植物、动物甚至自然现象之上，就像前一本书里的"花儿与花语"一样。

shī zhōng shuō: "bái yún shēng yuǎn xiù, yáo yè rù qíng kōng. chéng huà suí shū juǎn, wú xīn rèn shǐ zhōng." bǎ tā fān yì chéng xiàn dài hàn yǔ jiù shì, bái yún cóng yuǎn shān zhōng shēng qǐ, yáo yáo bǎi bǎi piāo xiàng qíng kōng. wú jū wú shù shēn zhǎn juǎn qū, wú suǒ yù qiú rèn qí shēng miè. yún yuán běn shì yī zhǒng zì rán xiàn xiàng, wú sī wéi, yì wú xìng gé, shì gǔ rén jù qí tè xìng fù yǔ le tā yī zhǒng xìng gé, bìng yǐ cǐ zuò wéi dāng shí rén men de yī zhǒng xíng wéi zhǔn zé. gǔ rén zǒng shì xǐ huān bǎ zì jǐ de sī xiǎng jiā zài zhí wù, dòng wù shèn zhì zì rán xiàn xiàng zhī shàng, jiù xiàng qián yī běn shū lǐ de "huā ér yǔ huā yǔ" yī yàng.

二

婚姻的历程
hūn yīn de lì chéng

在很早以前，原始社会初期，人们没有"婚姻"这个概念。据人类学家考证，婚姻最早出现在原始社会中晚期的母系氏族公社，从母系氏族公社人到今天，在漫长的岁月里，人们的婚姻经历了"群婚"、"对偶婚"、"单偶婚"等不同的阶段。

zài hěn zǎo yǐ qián, yuán shǐ shè huì chū qī, rén men méi yǒu "hūn yīn" zhè gè gài niàn. jù rén lèi xué jiā kǎo zhèng, hūn yīn zuì zǎo chū xiàn zài yuán shǐ shè huì zhōng wǎn qī de mǔ xì shì zú gōng shè, cóng mǔ xì shì zú gōng shè rén dào jīn tiān, zài màn cháng de suì yuè lǐ, rén men de hūn yīn jīng lì le "qún hūn"、"duì ǒu hūn"、"dān ǒu hūn" děng bù tóng de jiē duàn.

"群婚"是最早的婚姻形式，是一个氏族的一群男子与另一个氏族的一群女子集体互相通婚，这些男女间没有固定的配偶，但必须是与本氏族以外的人通婚。

"qún hūn" shì zuì zǎo de hūn yīn xíng shì, shì yī gè shì zú de yī qún nán zǐ yǔ lìng yī gè shì zú de yī qún nǚ zǐ jí tǐ hù xiāng tōng hūn, zhè xiē nán nǚ jiān méi yǒu gù dìng de pèi ǒu, dàn bì xū shì yǔ běn shì zú yǐ wài de rén tōng hūn.

"对偶婚"是群婚中的一男一女在或长或短的时间内形成的相对稳定的配偶关系，男方只是到女方家过夜，不负任何家庭责任，孩子由女方抚养。对偶婚是在群婚的基础上发展起来的，是由群婚向单偶婚过渡的一种婚姻形式。

"单偶婚"是严格而固定的一夫一妻制婚姻，是在对偶婚的基础上逐渐稳定下来的婚姻形式，单偶婚大约出现在原始社会末期私有制产生之后的父系氏族公社。

尽管在原始社会末期就已经出现了固定的一夫一妻的单偶婚制度，但是在其后的四五千年里，世界上很多国家还存在着一夫多妻的现象。

在古代中国，每一个皇帝都有皇后、妃子、宫女等许多女人。那时候不管是官府里的人，还是普通老百姓，只要有钱就可以娶两个或更多的女人。人们把最先娶的女人叫"妻"，把后来纳的女人叫"妾"，这种情形从先秦一直延续到清末。现代汉语里的"三妻四妾"、"妻妾成群"以及"姨太太"、"小老婆"等词语都是从前一夫多妻留下的痕迹。

1930年民国政府制定法律，实行一夫一妻制，明令禁止纳妾，但是民间纳妾之风气依然盛行。1949年中华人民共和国成立随后颁布《婚姻法》禁止一夫多妻，明确规定任何人同时有两个或两个以上的配偶都是非法的，属于重婚罪。

现在世界上除了极少数几个国家外，绝大多数国家都禁止一夫多妻或者一妻多夫。纵观人类发展史，要做到男女平等，家庭幸福，社会稳定，只有实行一夫一妻的婚姻制度，这也是人类社会的最终选择。从原始社会的群婚到今天的一夫一妻，人类社会一步步地从落后走向进步，从愚昧走向文明。

三

中国古代神话
zhōng guó gǔ dài shén huà

前几本书里有一些与神话有关的文章，例如："牛郎织女"、"后羿射日"、"嫦娥奔月"等等。什么是神话呢？神话是关于神仙或者神化的古代英雄的故事，是古代人民对自然现象和社会生活的一种天真的解释和美丽的向往。

神话早在远古时期就有了，那时候人们的科学知识非常贫乏，对自然界的认知水平十分低下。当他们遇到无法解释的自然现象和不可抗拒的灾害时，便依照自己的生活经验，加上推理和想象，编造出来了许多神话故事。

女娲造人是最典型的一个神话故事。故事是说天地开辟，世上本无人类，女娲用黄土和水捏成泥，捏出一个一个的人。女娲造人之初，把黄土投入水中，捏累了，就用一条绳子投入泥浆中，然后拿起绳子在地上一甩，泥浆落地变成人。人们说，女娲亲手捏出来的是富人，用绳子甩出来的是穷人。

早期神话中有比较多内容的，与大自然做斗争的，例如："精卫填海"、"愚公移山"、"后羿射日"、"夸父逐日"、"女娲补天"

等等。精卫填海是说炎帝的小女儿到东海游玩，结果溺水死后变成一只小鸟，叫"精卫鸟"。精卫鸟每天从西山衔来石子和树枝投到东海里，要把东海填平。愚公移山是说一个叫愚公的老人带领子孙每天挖山不止，要把挡在家门口的两座大山搬走。

为什么会有如此多的与大自然做斗争的神话呢？这是因为远古时期洪水、干旱、飓风、寒冷、酷热等自然灾害给人们造成了巨大的伤害。人们对大自然有一种恐惧，同时也有一种强烈的愿望，希望自己或者什么人具有超强的本领能战胜自然灾害，于是人们就编造出了一个又一个人定胜天的神话故事。

再后来，社会出现了私有制，产生了阶级。这时候人们除了自然上的灾害以外，还要面对社会上的一些邪恶。于是又有了与种种邪恶作斗争的神话故事。明清小说《西游记》中，孙悟空七十二变的本领，一个筋斗飞出十万八千里的能耐，以及他征服种种妖魔的故事，表现的就是人们想要战胜邪恶、伸张正义的强烈意愿。

四

现代神话与科学幻想
xiàn dài shén huà yǔ kē xué huàn xiǎng

从前，由于人们科学知识贫乏，自然界认知水平低下，于是出现了"女娲造人"、"女娲补天"、"后羿射日"等一些离奇古怪的神话。然而在科学技术高度发达的今天，人们仍然喜欢这些古代神话，不仅如此，人们还创作出了很多现代神话。

现代神话在表现手法上虽然与古代神话不一样，但是内容大同小异，都是探索自然界奥秘、战胜自然灾害以及扬善惩恶的。早期的有法国的《月球旅行记》，新近的有美国的《侏罗纪公园》《独

立 日》《超 人》等 等。
lì rì chāo rén děng děng

不 过,现 在 的 人 们 不 把
bú guò xiàn zài de rén men bù bǎ

这 些 叫 做 神 话 了,而 是 称 其
zhè xiē jiào zuò shén huà le ér shì chēng qí

为 "科 学 幻 想"。什 么 是 科 学 幻
wéi kē xué huàn xiǎng shén me shì kē xué huàn

想?科 学 幻 想 是 依 据 科 学 技
xiǎng kē xué huàn xiǎng shì yī jù kē xué jì

术 的 新 发 现、新 成 就,以 及 在
shù de xīn fā xiàn xīn chéng jiù yǐ jí zài

此 基 础 上 可 能 达 到 的 预 见,
cǐ jī chǔ shàng kě néng dá dào de yù jiàn

用 幻 想 的 方 式 描 述 人 类 造
yòng huàn xiǎng de fāng shì miáo shù rén lèi zào

成 某 些 奇 迹 的 故 事。这 些 科
chéng mǒu xiē qí jì de gù shì zhè xiē kē

学 幻 想 故 事 虽 然 荒 诞 不 经,
xué huàn xiǎng gù shì suī rán huāng dàn bù jīng

但 多 少 都 还 是 有 一 些 科 学
dàn duō shǎo dōu hái shì yǒu yī xiē kē xué

因 素 的,最 典 型 的 就 是 近 几
yīn sù de zuì diǎn xíng de jiù shì jìn jǐ

十 年 来 特 别 流 行 的 "穿 越 时
shí nián lái tè bié liú xíng de chuān yuè shí

空" 的 故 事。
kōng de gù shì

穿 越 时 空 是 穿 过 时 间
chuān yuè shí kōng shì chuān guò shí jiān

和 空 间,返 回 以 前 的 某 个 时
hé kōng jiān fǎn huí yǐ qián de mǒu gè shí

代,或 者 飞 越 到 若 干 时 空 后
dài huò zhě fēi yuè dào ruò gàn shí kōng hòu

的 某 个 时 期。穿 越 时 空 的 故
de mǒu gè shí qī chuān yuè shí kōng de gù

事 听 起 来 像 是 痴 人 说 梦,但
shì tīng qǐ lái xiàng shì chī rén shuō mèng dàn

是(shì)有(yǒu)人(rén)说(shuō)，根(gēn)据(jù)爱(ài)因(yīn)斯(sī)坦(tǎn)的(de)相(xiāng)对(duì)论(lùn)，从(cóng)理(lǐ)论(lùn)上(shàng)来(lái)讲(jiǎng)，时(shí)间(jiān)和(hé)空(kōng)间(jiān)是(shì)可(kě)以(yǐ)穿(chuān)越(yuè)的(de)。这(zhè)一(yī)类(lèi)的(de)故(gù)事(shì)有(yǒu)时(shí)中(zhōng)国(guó)的(de)《神(shén)话(huà)》，日(rì)本(běn)的(de)《穿(chuān)越(yuè)时(shí)空(kōng)的(de)少(shǎo)女(nǚ)》，美(měi)国(guó)的(de)《超(chāo)时(shí)空(kōng)接(jiē)触(chù)》等(děng)等(děng)。

其(qí)实(shí)，这(zhè)类(lèi)科(kē)学(xué)幻(huàn)想(xiǎng)在(zài)古(gǔ)代(dài)神(shén)话(huà)里(lǐ)已(yǐ)经(jīng)有(yǒu)所(suǒ)表(biǎo)现(xiàn)，例(lì)如(rú)：两(liǎng)千(qiān)多(duō)年(nián)前(qián)中(zhōng)国(guó)唐(táng)代(dài)志(zhì)怪(guài)小(xiǎo)说(shuō)《南(nán)柯(kē)一(yī)梦(mèng)》《一(yī)枕(zhěn)黄(huáng)梁(liáng)》就(jiù)有(yǒu)穿(chuān)越(yuè)时(shí)空(kōng)的(de)影(yǐng)子(zǐ)。而(ér)现(xiàn)在(zài)的(de)科(kē)学(xué)幻(huàn)想(xiǎng)故(gù)事(shì)的(de)有(yǒu)的(de)就(jiù)像(xiàng)是(shì)古(gǔ)代(dài)神(shén)话(huà)的(de)翻(fān)版(bǎn)，例(lì)如(rú)：美(měi)国(guó)的(de)《星(xīng)球(qiú)大(dà)战(zhàn)》和(hé)孙(sūn)悟(wù)空(kōng)"大(dà)闹(nào)天(tiān)宫(gōng)"十(shí)分(fēn)相(xiāng)似(sì)，里(lǐ)面(miàn)具(jù)有(yǒu)神(shén)奇(qí)功(gōng)能(néng)的(de)那(nà)些(xiē)武(wǔ)器(qì)，似(sì)乎(hū)是(shì)孙(sūn)悟(wù)空(kōng)的(de)武(wǔ)器(qì)变(biàn)形(xíng)，金(jīn)箍(gū)棒(bàng)威(wēi)力(lì)巨(jù)大(dà)的(de)那(nà)一(yī)种(zhǒng)表(biǎo)现(xiàn)，就(jiù)是(shì)孙(sūn)悟(wù)空(kōng)金(jīn)箍(gū)棒(bàng)的(de)另(lìng)一(yī)种(zhǒng)表(biǎo)现(xiàn)形(xíng)式(shì)。

从人类由愚昧走向文明的历程来看，神话是发明创造的源泉和动力。以前人们幻想能像鸟一样地在空中飞翔，现在坐飞机上天已是平常之事；以前人们幻想能去月宫作客，如今宇宙飞船早已登上了月球。幻想，特别是科学幻想，可以开阔人们的思路，激发人们的探索精神，最终会让许多神话成为现实。

cóng rén lèi yóu yú mèi zǒu xiàng wén míng de lì chéng lái kàn, shén huà shì fā míng chuàng zào de yuán quán hé dòng lì. yǐ qián rén men huàn xiǎng néng xiàng niǎo yī yàng de zài kōng zhōng fēi xiáng, xiàn zài zuò fēi jī shàng tiān yǐ shì píng cháng zhī shì; yǐ qián rén men huàn xiǎng néng qù yuè gōng zuò kè, rú jīn yǔ zhòu fēi chuán zǎo yǐ dēng shàng le yuè qiú. huàn xiǎng, tè bié shì kē xué huàn xiǎng, kě yǐ kāi kuò rén men de sī lù, jī fā rén men de tàn suǒ jīng shén, zuì zhōng huì ràng xǔ duō shén huà chéng wéi xiàn shí.

五

国(guó) 粹(cuì) 中(zhōng) 的(de) 书(shū) 法(fǎ) 和(hé) 中(zhōng) 医(yī)

什么是国粹？国粹是一个国家固有文化的精华，就是一个国家传统文化中最具有代表性、最富有内涵的那部分。中国国粹主要有书法、中医、京剧、武术，有人说也包括国画、围棋、麻将等等。

书法，学习汉语的人都知道，它是文字的书写艺术。书法艺术源远流长，据说甲骨文里就已经露出书法艺术的萌芽。书法的字体可以是篆书、隶书、楷书、草书……楷书最能体现书法，……但是最能体现书法艺术的是草书，特别是狂草。

狂草是把字的笔画连起来写，一个个的字龙飞凤舞、千姿百态，看得人眼花缭乱。狂草看似放荡不羁、随心所欲，其实笔画与画之间、字与字之间、行与行之间都是错落有致、有章可循。为什么写字会成为一种艺术呢？人们说，书法可以修心养性，好的书法作品表现出高雅的艺术涵养，给人们一种美的享受。

中医是中国传统医学。中医相信经脉，讲究阴阳，认为一个人只要经脉畅通、阴阳平衡就可以健康长寿；如果经脉不通、阴阳失衡就会生病。中医诊断病情靠的是"望、闻、问、切"四种手段。望，是看病人舌苔和面色；闻，是听病人声音和呼吸；问，是问病人症状和感觉；切，是给病人号脉。从战国时期《黄帝内经》算起，中医有两千多年的历史了。不过自从西方医学传入，中医就开始不断地受到质疑。虽然现在中医也借助显微镜、X光、CT等科学仪器诊断病情，但是到目前为止，真正走向世界的只有针灸、推拿和按摩。

说中医就要说到中药，中药是中国传统药材，它包罗万象，不仅有植物、动物，还有矿物等。植物有藿香、当归、板蓝根；动物有鹿茸、熊胆、穿山甲；矿物有朱砂、雄黄、滑石粉等等。凡是世上有的，没有不能入药的，3000多年前占卜用的龟甲也被中医认为是可以治病的"龙骨"。

中药是把十几种药材混在一起用水煎煮，然后饮用煮好的药汁，也有做成丸剂的。现在很多人不相信中药，因为许多药材没有经过严格的药理实验，也没有明确的配伍禁忌说明，而且水土等环境中的污染也造成了人们对中药的不放心。

六

京剧是中国的国剧
jīng jù shì zhōng guó de guó jù

"京剧"也是中国的国粹，京剧是北京地区的戏剧，所以也叫"京戏"。中国的戏剧起源很早，但是京剧只有200多年的历史。

在京剧产生以前，北京地区流行的戏剧是陕西的秦腔。大约在清朝中期，安徽的徽剧、湖北的汉剧，以及江苏的昆曲进入北京，这几个剧种之间不断交流、融合，最后形成了一个带有北京腔调的新剧种——京剧。京剧产生、发展的时间不长，但是京剧发展很快，现在已经成为中国近代戏剧的国剧。

表，在台湾则直接被称为"国剧"。

戏剧不同于话剧、舞剧，它的表现形式主要是唱，所以唱腔是京剧的核心。人们评价一出戏好不好，就是看演员唱得好不好。以前演戏的时候，如果演员唱得好，观众不是像现在这样等到演出完了再鼓掌，而是当时就大声地叫好儿，这叫做"喝彩"。如果唱得不好，人们也叫好儿，不过那个好的声音很奇怪，不是真的好，而是叫倒好，也就是"喝倒彩"，意思是说你唱得不好，下去吧。

唱京剧要有乐器伴奏，京剧的乐器分为管弦乐和打击乐两部分：管弦乐有胡琴、三弦、笛子、唢呐等主要是用来伴唱；打击乐有锣、鼓、板、钹等，主要用来衬托演员的动作，渲染演员武打时的气氛。

京剧特别讲究台步。台步就是演员在戏台上的步法。戏台上的步子和我们平时走路不一样，抬腿、迈脚、走步、疾行、前进、后退，一招一式都有严格的章法。

外国人听不懂京剧，但是他们都觉得京剧脸谱很好看，把脸谱画成彩色。京剧脸谱是用不同颜色和图案的脸谱来代表不同性格的人物。红脸代表忠义，一般来说红脸的人是忠臣；白脸代表凶诈，白脸的人是恶人。京剧脸谱线条画成彩色，图案代表品质和性格——忠诚、侠义，代表忠臣。

脸的人是奸臣。还有一种脸谱用于小丑，这种脸谱很滑稽，中间有一块白色，人们看到这张脸就想笑。

一百多年来，尽管电影传入中国，后来又有了电视，但是京剧仍然拥有许多观众。有一种现象很奇怪，许多人年轻时喜欢看电影，到了老年却愿意看京剧，而且不厌其烦地一遍又一遍地看。他们看京剧不是看故事情节，而是欣赏演员的演技和唱腔。平日里自己嘴里哼的，也都是京剧里的唱词。

七

经(jīng) 济(jì) 发(fā) 展(zhǎn) 与(yǔ) 环(huán) 境(jìng) 污(wū) 染(rǎn)

环境保护是目前人类面临的一个非常重要的任务。几十年来人类的生存环境在发展经济建设现代化的过程中遭到了严重的污染。

例如：在农业方面，人们为了增加粮食蔬菜水果等农作物的产量，使用化肥和农药，结果粮食蔬菜水果丰收了，环境污染了。残留的化肥和农药污染了农田，污染了食物。在工业方面，人们为了提高生活水平，制造电视、冰箱、汽车、飞机，结果生活舒适shì 了le，衣yī 食shí 住zhù 行xíng 方fāng 便biàn 了le，环huán 境jìng 污wū 染rǎn 了le。工gōng 厂chǎng 排pái 出chū 的de 废fèi 水shuǐ 污wū 染rǎn 了le 河hé 流liú，产chǎn 生shēng 的de 废fèi 气qì 污wū 染rǎn 了le 天tiān 空kōng。此cǐ 外wài，大dà 量liàng 砍kǎn 伐fá 树shù 木mù，使shǐ 得dé 森sēn 林lín 减jiǎn 少shǎo；过guò 度dù 开kāi 垦kěn 农nóng 田tián，使shǐ 得dé 水shuǐ 土tǔ 流liú 失shī，结jié 果guǒ 造zào 成chéng 土tǔ 地dì 沙shā 漠mò 化huà。

现xiàn 在zài 无wú 论lùn 是shì 发fā 达dá 国guó 家jiā 还hái 是shì 发fā 展zhǎn 中zhōng 国guó 家jiā 都dōu 存cún 在zài 环huán 境jìng 污wū 染rǎn 问wèn 题tí，但dàn 是shì 发fā 展zhǎn 中zhōng 国guó 家jiā 的de 情qíng 形xíng 最zuì 为wéi 严yán 重zhòng。中zhōng 国guó 是shì 世shì 界jiè 最zuì 大dà 的de 发fā 展zhǎn 中zhōng 国guó 家jiā，这zhè 几jǐ 十shí 年nián 来lái 的de 经jīng 济jì 发fā 展zhǎn 突tū 飞fēi 猛měng 进jìn，城chéng 市shì 建jiàn 设shè 日rì 新xīn 月yuè 异yì，然rán 而ér 环huán 境jìng 保bǎo 护hù 却què 做zuò 得dé 很hěn 不bù 好hǎo，许xǔ 多duō 城chéng 市shì 的de 河hé 流liú 变biàn 得dé 混hún 浊zhuó 一yī 片piàn，一yī 些xiē 城chéng 市shì 经jīng 常cháng 被bèi 雾wù 霾mái 和hé 沙shā 尘chén 暴bào 笼lǒng 罩zhào。

有(yǒu)人(rén)说(shuō)，古(gǔ)代(dài)的(de)时(shí)候(hòu)应(yīng)该(gāi)没(méi)有(yǒu)污(wū)染(rǎn)，因(yīn)为(wèi)那(nà)时(shí)候(hòu)没(méi)有(yǒu)化(huà)肥(féi)和(hé)农(nóng)药(yào)，没(méi)有(yǒu)工(gōng)业(yè)污(wū)染(rǎn)和(hé)汽(qì)车(chē)污(wū)染(rǎn)，没(méi)有(yǒu)农(nóng)业(yè)污(wū)染(rǎn)。

晋(jìn)代(dài)诗(shī)人(rén)陶(táo)渊(yuān)明(míng)说(shuō)："采(cǎi)菊(jú)东(dōng)篱(lí)下(xià)，悠(yōu)然(rán)见(jiàn)南(nán)山(shān)。"

……一(yī)首(shǒu)诗(shī)……南(nán)山(shān)……蓝(lán)天(tiān)……纤(xiān)尘(chén)不(bù)染(rǎn)……朗(lǎng)朗(lǎng)乾(qián)坤(kūn)……

现(xiàn)在(zài)……远(yuǎn)处(chù)的(de)山(shān)……模(mó)糊(hú)……稍(shāo)微(wēi)高(gāo)一(yī)点(diǎn)……楼(lóu)层(céng)……马(mǎ)路(lù)……环(huán)境(jìng)……

人(rén)们(men)……生(shēng)活(huó)……清(qīng)风(fēng)明(míng)月(yuè)……

但(dàn)是(shì)我(wǒ)们(men)知(zhī)道(dào)，社(shè)会(huì)总(zǒng)是(shì)要(yào)向(xiàng)前(qián)发(fā)展(zhǎn)的(de)，不(bù)可(kě)能(néng)停(tíng)。

滞不前，更不可能倒退回去。要发展势必会产生污染，经济发展与环境保护是我们面前一个两难的选择。

中国有句古话说"鱼与熊掌不可兼得"，意思是味道鲜美的鱼和熊掌只能选择一个。然而我们现在要做的是鱼和熊掌都要，既要经济发展，也要保护环境，让人们现在也能在唐诗所描述的"两个黄鹂鸣翠柳，一行白鹭上青天"、"竹外桃花三两枝，春江水暖鸭先知"那种舒适、没有污染的环境中享受现代化生活。

八

电与环境
diàn yǔ huán jìng

自从人类发明了电，人们的生活就紧紧地和电连在了一起。仔细观察一下你的四周，日常生活中衣食住行没有一样能离开电的。每当狂风、暴雨、大雪造成大面积停电时，几乎所有的新闻报道都会用"瘫痪"二字形容那些没有电的地区。现代社会一旦没有了电，真的就像一个身体完全丧失运动能力的病人。

电的生产叫做发电。发电有很多方式，有风力发电、水力发电、火力发电、核能发电(diàn)等(děng)等(děng)。风(fēng)力(lì)发(fā)电(diàn)就(jiù)是(shì)利(lì)用(yòng)风(fēng)能(néng)生(shēng)产(chǎn)电(diàn)，风(fēng)力(lì)发(fā)电(diàn)不(bú)浪(làng)费(fèi)资(zī)源(yuán)，不(bù)污(wū)染(rǎn)空(kōng)气(qì)，但(dàn)是(shì)受(shòu)区(qū)域(yù)和(hé)季(jì)节(jiē)的(de)限(xiàn)制(zhì)。中(zhōng)国(guó)的(de)风(fēng)力(lì)发(fā)电(diàn)主(zhǔ)要(yào)在(zài)新(xīn)疆(jiāng)、内(nèi)蒙(měng)、浙(zhè)江(jiāng)、福(fú)建(jiàn)、广(guǎng)东(dōng)等(děng)空(kōng)旷(kuàng)的(de)地(dì)方(fāng)，以(yǐ)及(jí)山(shān)东(dōng)、浙(zhè)江(jiāng)等(děng)地(dì)的(de)岛(dǎo)屿(yǔ)上(shàng)。

水(shuǐ)力(lì)发(fā)电(diàn)就(jiù)是(shì)利(lì)用(yòng)水(shuǐ)能(néng)生(shēng)产(chǎn)电(diàn)，水(shuǐ)力(lì)发(fā)电(diàn)不(bú)浪(làng)费(fèi)资(zī)源(yuán)，不(bù)污(wū)染(rǎn)空(kōng)气(qì)，但(dàn)是(shì)有(yǒu)区(qū)域(yù)的(de)限(xiàn)制(zhì)，只(zhǐ)能(néng)建(jiàn)在(zài)落(luò)差(chà)大(dà)的(de)河(hé)流(liú)上(shàng)，而(ér)且(qiě)受(shòu)雨(yǔ)季(jì)和(hé)旱(hàn)的(de)影(yǐng)响(xiǎng)。水(shuǐ)力(lì)发(fā)电(diàn)是(shì)要(yào)建(jiàn)造(zào)水(shuǐ)坝(bà)的(de)，水(shuǐ)坝(bà)会(huì)影(yǐng)响(xiǎng)四(sì)周(zhōu)的(de)生(shēng)态(tài)系(xì)统(tǒng)。中(zhōng)国(guó)在(zài)长(cháng)江(jiāng)三(sān)峡(xiá)建(jiàn)立(lì)了(le)世(shì)界(jiè)上(shàng)最(zuì)大(dà)的(de)水(shuǐ)电(diàn)站(zhàn)，虽(suī)然(rán)它(tā)在(zài)电(diàn)力(lì)供(gòng)应(yīng)和(hé)防(fáng)洪(hóng)方(fāng)面(miàn)起(qǐ)了(le)很(hěn)大(dà)的(de)作(zuò)用(yòng)，但(dàn)也(yě)出(chū)现(xiàn)了(le)一(yī)些(xiē)问(wèn)题(tí)。

例lì 如rú 长cháng 江jiāng 有yǒu 很hěn 多duō 回huí 游yóu 鱼yú 类lèi，这zhè 些xiē 鱼yú 每měi 年nián 都dōu 要yào 回huí 游yóu 到dào 中zhōng 上shàng 游yóu 去qù 产chǎn 卵luǎn，由yóu 于yú 水shuǐ 电diàn 站zhàn 的de 大dà 坝bà 阻zǔ 挡dǎng 了le 回huí 游yóu 鱼yú 群qún，破pò 坏huài 了le 鱼yú 类lèi 的de 生shēng 活huó 习xí 性xìng。据jù 报bào 道dào，像xiàng 中zhōng 华huá 鲟xún、长cháng 江jiāng 豚tún 一yī 类lèi 的de 珍zhēn 贵guì 鱼yú 种zhǒng 已yǐ 明míng 显xiǎn 减jiǎn 少shǎo，有yǒu 的de 濒bīn 临lín 死sǐ 亡wáng。三sān 峡xiá 大dà 坝bà 也yě 造zào 成chéng 历lì 史shǐ 文wén 化huà 遗yí 产chǎn 的de 破pò 坏huài，大dà 坝bà 建jiàn 成chéng 后hòu 水shuǐ 位wèi 提tí 高gāo，一yī 些xiē 文wén 物wù 古gǔ 迹jì 都dōu 被bèi 淹yān 没mò 在zài 水shuǐ 下xià。

火huǒ 力lì 发fā 电diàn 利lì 用yòng 燃rán 烧shāo 煤méi 炭tàn 产chǎn 生shēng 的de 热rè 能néng 发fā 电diàn，它tā 不bú 受shòu 地dì 区qū 和hé 季jì 节jiē 限xiàn 制zhì，可kě 以yǐ 建jiàn 在zài 任rèn 何hé 地dì 方fāng。但dàn 是shì 火huǒ 力lì 发fā 电diàn 消xiāo 耗hào 煤méi 炭tàn 资zī 源yuán，而ér 且qiě 污wū 染rǎn 空kōng 气qì。

核hé 能néng 发fā 电diàn 是shì 利lì 用yòng 核hé 裂liè 变biàn 产chǎn 生shēng 的de 热rè 能néng 发fā 电diàn，它tā 不bú 受shòu 地dì 区qū 和hé 季jì 节jiē 的de 限xiàn 制zhì，不bú 浪làng 费fèi

资源，不污染空气，但是核能发电存在很大的安全隐患。1986年4月前苏联时期的乌克兰境内切尔诺贝利核电站发生爆炸事故，造成严重的核泄漏，致周围很多人得了癌症。此后28年过去，30公里内无人居住，一片废墟。那里仍然是

有没有一种既不浪费资源、又没有污染、没有危险、不破坏生态的发电方法呢？我想，依靠人类的聪明才智，一定会有的。

九

武器与战争
wǔ qì yǔ zhàn zhēng

武器最早不是用于战争，而是用来猎杀野兽的。史书上有一首歌谣："断竹，续竹，飞土，逐肉。"它的意思是：把竹子连接起来，追逐、刺杀麋鹿。从这首歌谣中，我们知道，竹子是当时狩猎的工具，是刺杀猎物的武器。后来，部落与部落之间为争夺资源，出现了争斗，发生了战争，于是，原本用于狩猎的武器，被用于人与人之间的相互残杀了。远古时期，人们除了用……

竹竿和树枝以外,还用石头做武器。考古学家在世界各地发现了许多石器时代的石斧、石戈、石矛、石刀等石器。后来人类进入青铜时代,人们又用青铜制作武器,青铜制作的斧、戈、矛、刀要比石制的锋利得多了。铁器时代的铁武器,硬度和韧性又胜过了青铜。隋唐时期,中国发明了火药,从此出现了枪、炮、发射火药的武器,出现了距离远、威力大之类的武器。

近百年来,世界各国在大量常用的武器和器方面,投入了大量的人力、物力、财力研制武器,除了制造以及各种生物武器、化学武器以外,还制出具有大规模杀伤力的武器。

面积杀伤力的核武器。这些武器给人类带来了巨大的灾难，1914年第一次世界大战交战双方伤亡人数为3000多万，1939年第二次世界大战总伤亡的人数超过9000多万。最恐怖的是原子弹，1945年美国在日本广岛投放的原子弹，一次就夺走了十几万人的生命。

　　现代社会科学技术越来越发达，人们预防和治疗疾病的水平越来越高；对地震、山火、洪水、飓风等自然灾害的防范能力越来越强，同时人们研制的杀伤力越来越大、危害越来越远的各类新式武器，也给人们和自然造成的危害，远远大于疾病和灾害。

第二次世界大战结束至今，国际上虽然没有再发生世界性的大规模战争，但是各个国家的军备竞赛却从来没有间断过。所有的国家都在不断地研发武器、制造武器、购买武器，其目的是保护自己，威慑他人。

武器本来是人给人类自己制造的，现在却是给人类带来危害。这种武器极大地改变着战争的状况，危及着全世界的生存，阻止着全世界的发展。野兽带来的改变、战争带来的改变，人类怎样才能防止使用核武器呢？人类自己怎样才能阻止核武器、阻止战争？这是全世界人民都需要认真思考的问题。

十

汉字与中华民族

世界上曾经有过四大古文字：苏美尔文字、古埃及文字、中国文字和玛雅文字，如今除了中国文字以外，其它三种文字早已不再使用，唯一使用的中国文字——汉字，早已使用了3000多年，是世界上目前仍然使用的文字。

文字本来是记录语言的符号，是人们交际的辅助工具，但是由于汉字具有象形和表意的性质，所以它除了记录语言、交流思想外，还承载了丰富的传统文化。几千年来用汉字记录的历史、文学、哲学等中华文化典籍……

汗牛充栋、浩如烟海，中国悠久的历史和灿烂的文化借助汉字这个载体得以传承下来。

因为汉字字体和字义具有相当高的稳定性，所以汉字有一种超越时间的功能，这种功能可以让现代人阅读历史各个时代的书籍。例如：今天的小学生可以轻松地朗读唐朝李白"床前明月光，疑是地上霜。举头望明月，低头思故乡"的诗句；也能很容易地看懂春秋时期孔子"有朋自远方来，不亦乐乎"这句话的含义。还有的学者要在2000多年前的儒家学说中找到治理当今世界的药方。

汉字不但有超越时间的功能，还具有超越空间的功能。中国疆域辽阔，方言众多，许多方言的语音差别非常大。但是由于天南海北的中国人使用的是同一种文字，所以当他们听不懂对方的话时，可以借助文字来进行交流。例如："上街"的"街"，普通话读 jiē，湖南话读 gai，闽南话读 jue，上海话读 ga，不同方言区的读音虽然不一样，但是写出来的汉字一样，表示一样的意思。

汉字超越时空的功能，使其具有一种很强的凝聚力。这种凝聚力让中国这个文化底蕴深厚的泱泱大国几千年来承前启后、继往开来(lái)。试(shì)想(xiǎng)一(yī)下(xià)，如(rú)果(guǒ)我(wǒ)们(men)现(xiàn)在(zài)
放(fàng)弃(qì)汉(hàn)字(zì)，改(gǎi)用(yòng)拼(pīn)音(yīn)文(wén)字(zì)，中(zhōng)
国(guó)的(de)传(chuán)统(tǒng)文(wén)化(huà)将(jiāng)会(huì)流(liú)失(shī)，悠(yōu)
久(jiǔ)的(de)历(lì)史(shǐ)就(jiù)会(huì)断(duàn)裂(liè)；如(rú)果(guǒ)我(wǒ)
们(men)以(yǐ)前(qián)使(shǐ)用(yòng)的(de)是(shì)拼(pīn)音(yīn)文(wén)字(zì)，
那(nà)么(me)不(bù)同(tóng)方(fāng)言(yán)区(qū)的(de)人(rén)就(jiù)无(wú)
法(fǎ)交(jiāo)流(liú)。长(cháng)此(cǐ)以(yǐ)往(wǎng)，国(guó)家(jiā)就(jiù)有(yǒu)
可(kě)能(néng)分(fēn)裂(liè)，泱(yāng)泱(yāng)之(zhī)大(dà)国(guó)也(yě)许(xǔ)
早(zǎo)就(jiù)不(bù)存(cún)在(zài)了(le)。

汉(hàn)字(zì)是(shì)中(zhōng)华(huá)民(mín)族(zú)的(de)灵(líng)
魂(hún)，它(tā)承(chéng)载(zǎi)中(zhōng)华(huá)文(wén)化(huà)，传(chuán)播(bō)中(zhōng)
华(huá)文(wén)明(míng)，凝(níng)聚(jù)中(zhōng)华(huá)民(mín)族(zú)。世(shì)界(jiè)
上(shàng)众(zhòng)多(duō)的(de)文(wén)字(zì)中(zhōng)，大(dà)概(gài)只(zhī)有(yǒu)
汉(hàn)字(zì)可(kě)以(yǐ)让(ràng)一(yī)个(gè)民(mín)族(zú)延(yán)续(xù)
不(bú)断(duàn)，昌(chāng)盛(shèng)不(bù)衰(shuāi)。

◆ 附录二 练习答案 ◆
◆ 附錄二 練習答案 ◆

Appendix 2 Answer Key

一、

1. 伸展 — 卷曲
   伸展 — 捲曲
2. 绚丽 — 多彩
   絢麗 — 多彩
3. 广袤 — 无际
   廣袤 — 無際
4. 婀娜 — 多姿
   婀娜 — 多姿
5. 无所 — 欲求
   無所 — 欲求
6. 变幻 — 多端
   變幻 — 多端

二、

1. a
2. b
3. b
4. c

三、

1. a
2. c
3. b
4. a

二、 ✦ 婚姻的历程 ✦
◆ 婚姻的歷程 ◆

一、

1. 婚姻 — 配偶
   婚姻 — 配偶
2. 氏族 — 公社
   氏族 — 公社
3. 原始 — 现代
   原始 — 現代
4. 落后 — 进步
   落後 — 進步
5. 官府 — 百姓
   官府 — 百姓
6. 愚昧 — 文明
   愚昧 — 文明

二、

1. c
2. b
3. a
4. c

三、

1. b
2. c
3. c
4. b

一、

1. 造成 — 伤害
   造成 — 傷害
2. 具有 — 本领
   具有 — 本領
3. 伸张 — 正义
   伸張 — 正義
4. 战胜 — 邪恶
   戰勝 — 邪惡
5. 向往 — 生活
   嚮往 — 生活
6. 编造 — 故事
   編造 — 故事

二、

1. c
2. b
3. c
4. a

三、

1. a
2. b
3. c
4. a

四、◆ 现代神话与科学幻想 ◆
◆ 現代神話與科學幻想 ◆

一、

1. 探索 — 奥秘
   探索 — 奧秘
2. 飞越 — 时空
   飛越 — 時空
3. 开阔 — 思路
   開闊 — 思路
4. 走向 — 文明
   走向 — 文明
5. 创作 — 神话
   創作 — 神話
6. 创造 — 奇迹
   創造 — 奇蹟

二、

1. b
2. a
3. a
4. c

三、

1. b
2. c
3. a
4. b

五、 ◆ 国粹中的书法和中医 ◆
◆ 國粹中的書法和中醫 ◆

一、

1. 经脉 —— 畅通
   經脈 —— 暢通
2. 阴阳 —— 平衡
   陰陽 —— 平衡
3. 环境 —— 污染
   環境 —— 污染
4. 配伍 —— 禁忌
   配伍 —— 禁忌
5. 药理 —— 实验
   藥理 —— 實驗
6. 艺术 —— 涵养
   藝術 —— 涵養

二、

1. b
2. a
3. c
4. a

三、

1. a
2. c
3. b
4. b

一、

1. 唱腔 — 台步
   唱腔 — 台步
2. 乐器 — 伴奏
   樂器 — 伴奏
3. 演员 — 观众
   演員 — 觀眾
4. 喝彩 — 叫好
   喝彩 — 叫好
5. 线条 — 图案
   線條 — 圖案
6. 慢走 — 疾行
   慢走 — 疾行

二、

1. c
2. a
3. b
4. a

三、

1. b
2. c
3. a
4. a

七、 ◆ 经济发展与环境污染 ◆
◆ 經濟發展與環境污染 ◆

一、

1. 环境 — 污染
   环境 — 污染
2. 经济 — 发展
   经济 — 发展
3. 水土 — 流失
   水土 — 流失
4. 产量 — 增加
   產量 — 增加
5. 粮食 — 丰收
   糧食 — 豐收
6. 生活 — 舒适
   生活 — 舒適

二、

1. a
2. c
3. a
4. b

三、

1. a
2. c
3. a
4. c

八、◆ 电与环境 ◆
◆ 電與環境 ◆

一、

1. 发生 — 爆炸
   發生 — 爆炸
2. 浪费 — 资源
   浪費 — 資源
3. 存在 — 隐患
   存在 — 隱患
4. 供应 — 电力
   供應 — 電力
5. 影响 — 生态
   影響 — 生態
6. 丧失 — 能力
   喪失 — 能力

二、

1. a
2. b
3. b
4. c

三、

1. b
2. b
3. a
4. b

九、 ◆ 武器与战争 ◆
◆ 武器與戰爭 ◆

一、

1. 制造 — 武器
   製造 — 武器
2. 刺杀 — 野兽
   刺殺 — 野獸
3. 治疗 — 疾病
   治療 — 疾病
4. 发生 — 战争
   發生 — 戰爭
5. 改变 — 状况
   改變 — 狀況
6. 夺走 — 生命
   奪走 — 生命

二、

1. c
2. a
3. b
4. c

三、

1. b
2. b
3. a
4. c

十、 ◆ 汉字与中华民族 ◆
◆ 漢字與中華民族 ◆

一、

1. 疆域 — 辽阔
   疆域 — 遼闊
2. 底蕴 — 深厚
   底蘊 — 深厚
3. 文化 — 灿烂
   文化 — 燦爛
4. 历史 — 悠久
   歷史 — 悠久
5. 方言 — 众多
   方言 — 眾多
6. 国家 — 分裂
   國家 — 分裂

二、

1. a
2. b
3. c
4. a

三、

1. a
2. c
3. c
4. b

◆ 生词索引 ◆
◆ 生詞索引 ◆

Vocabulary Index (Alphabetical by Pinyin)

Pinyin	Simplified Characters	Traditional Characters	Part of Speech	English Definition	Lesson
A					
āijíwénzì	埃及文字	埃及文字	n.	Egyptian writing	10
Aiyīnsītǎn	爱因斯坦	愛因斯坦	prn.	Einstein (1879.3.14-1955.4.18)	4
áizhèng	癌症	癌症	n.	cancer	8
ànmó	按摩	按摩	v.	massage	5
àomì	奥秘	奧秘	n.	mystery; enigma	4
B					
báilù	白鹭	白鷺	n.	egret	7
bānbù	颁布	頒佈	v.	issue; announce	2
bànzòu	伴奏	伴奏	v.	accompany (with music instrument)	6
bāoluó-wànxiàng	包罗万象	包羅萬象	id.	all-embracing; all-inclusive	5
bàodǎo	报导	報導	v.	report (news)	8
bàozhà	爆炸	爆炸	v.	explode; blow up	8
běnlǐng	本领	本領	n.	skill; ability	3
biānzào	编造	編造	v.	make up	3
biànhuàn-duōduān	变幻多端	變幻多端	id.	change irregularly	1
biànxíng	变形	變形	v.	deform; transform	4
biǎoxiànshǒufǎ	表现手法	表現手法	n.	manner of expression	4

Pinyin	Simplified Characters	Traditional Characters	Part of Speech	English Definition	Lesson
biǎoyì	表意	表意	*v.*	indicate meaning, ideograph	10
bīnlín	濒临	瀕臨	*v.*	be close to; border on	8
bìngfēi	并非	並非	*adv.*	really not	1
bōkāi	拨开	撥開	*v.*	to move (sth.) aside	1
bùfùcúnzài	不复存在	不復存在	*id.*	be no longer in existence	10
bùyànqífán	不厌其烦	不厭其煩	*id.*	with great patience	6
bùyìlèhū	不亦乐乎	不亦樂乎	*id.*	extremely happy	10
bùyóude	不由得	不由得	*adv.*	can't help; cannot but	7
bùfǎ	步法	步法	*n.*	footwork	6
bùluò	部落	部落	*n.*	tribe; clan	9

C

Pinyin	Simplified Characters	Traditional Characters	Part of Speech	English Definition	Lesson
cáizhì	才智	才智	*n.*	ability and wisdom	8
cáilì	财力	財力	*n.*	financial resources; capital resources	9
cánliú	残留	殘留	*v.*	remain; be left over	7
chābié	差别	差別	*n.*	difference	10
chǎnliàng	产量	產量	*n.*	output	7
chǎnluǎn	产卵	產卵	*v.*	lay eggs; spawn	8
chāngshèng-bùhuāi	昌盛不衰	昌盛不衰	*id.*	be forever prosperous	10

Pinyin	Simplified Characters	Traditional Characters	Part of Speech	English Definition	Lesson
chángcǐyǐwǎng	长此以往	長此以往	id.	if things go on like this	10
chàngqiāng	唱腔	唱腔	n.	pronunciation and style of singing in Chinese opera	6
chàngtōng	畅通	暢通	adj.	unimpeded; unblocked	5
chāoqiáng	超强	超強	adj.	super strong	3
chāorén	超人	超人	n.	Superman	4
chāoyuè	超越	超越	v.	surpass	10
chéntǔ	尘土	塵土	n.	dust	9
chèntuō	衬托	襯托	v.	help to increase an effect; accentuate a kind of atmosphere	6
chénghuà	乘化	乘化	v.	along with the natural	1
chéngjiù	成就	成就	n.	achievement; accomplishment	4
chéngqián-qǐhòu	承前启后	承前啟後	id.	serve as a link between past and future	10
chéngzài	承载	承載	v.	bear (as of abstract concepts, such as culture, meaning, etc.)	10
chīrén-shuōmèng	痴人说梦	癡人說夢	id.	idiotic nonsense	4
chónghūn	重婚	重婚	n.	bigamy	2
chū	出	齣	m.	measure word for dramas, plays, or operas	6

Pinyin	Simplified Characters	Traditional Characters	Part of Speech	English Definition	Lesson
chuāi	揣	揣	v.	hold sth. in one's clothes	1
chuānyuè	穿越	穿越	v.	pass though; cut across	4
chuánbō	传播	傳播	v.	disseminate; spread	10
chuánchéng	传承	傳承	v.	inherit	10
chuàngzuò	创作	創作	v.	create; produce	4
cíguān	辞官	辭官	vo.	resign from a government official position	1
cǐwài	此外	此外	conj.	besides; in addition	7
cìshā	刺杀	刺殺	v.	stab and kill	9
cuòluòyǒuzhì	错落有致	錯落有致	id.	well-proportioned; well-arranged	5

D

Pinyin	Simplified Characters	Traditional Characters	Part of Speech	English Definition	Lesson
dǎjīyuè	打击乐	打擊樂	prn.	percussion instrument	6
dàguīmó	大规模	大規模	adj.	large-scale; extensive	9
dàtóngxiǎoyì	大同小异	大同小異	id.	alike except for slight differences	4
dān'ǒuhūn	单偶婚	單偶婚	n.	monogamy	2
dǎoyǔ	岛屿	島嶼	n.	islands	8
dào	倒	倒	adj.	reverse; opposite	6
déyǐ	得以	得以	conj.	so that ... can (or may)	10
dīxià	低下	低下	adj.	(of status or living standards) low	3

Pinyin	Simplified Characters	Traditional Characters	Part of Speech	English Definition	Lesson
dǐyù	抵御	抵禦	v.	resist; withstand	9
dǐyùn	底蕴	底蘊	n.	inside information; details	10
dìzhèn	地震	地震	n.	earthquake	9
diǎnjí	典籍	典籍	n.	ancient books and records	10
diǎnxíng	典型	典型	adj.	typical	3
diànlì	电力	電力	n.	electric power; power	8
dònglì	动力	動力	n.	motivation; power	4
dòngzuò	动作	動作	n.	movement; motion	6
dòuzhēng	斗争	鬥爭	v.	struggle; fight	3
dúlì	独立	獨立	n./ adj.	independence; independent	4
duànliè	断裂	斷裂	v.	fault; collapsing	10
duìfu	对付	對付	v.	deal with; cope with	9
duì'ǒuhūn	对偶婚	對偶婚	n.	dual marriage	2
duōshǎo	多少	多少	adv.	somewhat; certain	4
duózǒu	夺走	奪走	v.	take away	9

E

ē'nuóduōzī	婀娜多姿	婀娜多姿	id.	beautifully and gracefully	1

F

fādáguójiā	发达国家	發達國家	n.	developed country	7

Pinyin	Simplified Characters	Traditional Characters	Part of Speech	English Definition	Lesson
fādiàn	发电	發電	v.	generate electricity	8
fāzhǎnzhōng-guójiā	发展中国家	發展中國家	n.	developing country	7
fǎlǜ	法律	法律	n.	law; statute	2
fānbǎn	翻版	翻版	n.	reprint; reproduction	4
fǎnhuí	返回	返回	v.	return	4
fángfàn	防范	防範	v.	be on guard; keep a lookout	9
fánghóng	防洪	防洪	v.	prevent or control flood	8
fàngdàngbùjī	放荡不羁	放蕩不羈	id.	unconventional and uninhibited	5
fàngqì	放弃	放棄	v.	abandon; give up	10
fēichuán	飞船	飛船	n.	airship; spaceship	4
fēixiáng	飞翔	飛翔	v.	circle in the air; hover	4
fēiyuè	飞越	飛越	v.	fly over	4
fēifǎ	非法	非法	adj.	unlawful; illicit	2
fēizi	妃子	妃子	n.	imperial concubine	2
fèiqì	废气	廢氣	n.	harmful gas; gas waste	7
fèishuǐ	废水	廢水	n.	wastewater; liquid waste	7
fèixū	废墟	廢墟	n.	ruins	8
fēnliè	分裂	分裂	v.	split; divide	10

Pinyin	Simplified Characters	Traditional Characters	Part of Speech	English Definition	Lesson
fēngfù	丰富	豐富	*adj.*	rich; abundant	10
fēnglì	锋利	鋒利	*adj.*	sharp; keen	9
fēngqì	风气	風氣	*n.*	atmosphere; morale	2
fēngshōu	丰收	豐收	*v.*	harvest	7
fúhào	符号	符號	*n.*	symbol; mark	10
fǔyǎng	抚养	撫養	*v.*	foster; bring up	2
fǔzhù	辅助	輔助	*v.*	assist; supplement	10
fùyǒu	富有	富有	*v.*	be full of	5
fùyǔ	赋予	賦予	*v.*	endow with	1

G

Pinyin	Simplified Characters	Traditional Characters	Part of Speech	English Definition	Lesson
gàiniàn	概念	概念	*n.*	concept; conception	2
gānhàn	干旱	乾旱	*adj.*	(of weather or soil) arid; dry	3
gē	戈	戈	*n.*	dagger-axe	9
gēyáo	歌谣	歌謠	*n.*	ballad; folk song	9
gōngnǚ	宫女	宮女	*n.*	a maid in an imperial palace	2
gōngyìng	供应	供應	*v.*	supply	8
gǔjī	古迹	古跡	*n.*	historic site	8
gǔzhǎng	鼓掌	鼓掌	*v.*	clap one's hands; applaud	6
gùdìng	固定	固定	*adj.*	fixed	2
gùyǒu	固有	固有	*adj.*	inherent	5

Pinyin	Simplified Characters	Traditional Characters	Part of Speech	English Definition	Lesson
gùxiāng	故乡	故鄉	*n.*	hometown	10
guānfǔ	官府	官府	*n.*	local authorities; feudal official	2
guānzhòng	观众	觀眾	*n.*	viewer; audience	6
guǎnxiányuè	管弦乐	管弦樂	*prn.*	orchestral music instrument	6
guānghuī	光辉	光輝	*n.*	brilliance; glory	1
guǎngdǎo	广岛	廣島	*prn.*	Hiroshima	9
guǎngmào	广袤	廣袤	*adj.*	vast; immense	1
guīyǐn	归隐	歸隱	*v.*	keep away from people; seclude oneself	1
guócuì	国粹	國粹	*n.*	the essence of Chinese culture	5
guòchéng	过程	過程	*n.*	course; process	7
guòdù	过度	過度	*adj.*	excessive; over	7
guòdù	过渡	過渡	*v.*	to transition; evolve into	2
guòyè	过夜	過夜	*v.*	stay overnight	2

H

Pinyin	Simplified Characters	Traditional Characters	Part of Speech	English Definition	Lesson
hánlěng	寒冷	寒冷	*adj.*	cold; frigid	3
hányǎng	涵养	涵養	*n.*	ability to control oneself; self-restraint	5

Pinyin	Simplified Characters	Traditional Characters	Part of Speech	English Definition	Lesson
hànniú-chōngdòng	汗牛充栋	汗牛充棟	*id.*	enough books to make the ox carrying them sweat or to fill a house to the rafters (have an immense number of books)	10
hàomài	号脉	號脈	*vo.*	feel a pulse	5
hàorúyānhǎi	浩如烟海	浩如煙海	*id.*	vast as the ocean (as of data, etc.); tremendous amount of	10
hédiànzhàn	核电站	核電站	*n.*	nuclear power plant	8
hélièbiàn	核裂变	核裂變	*n.*	nuclear fission	8
hénéng	核能	核能	*n.*	nuclear energy	8
héxīn	核心	核心	*n.*	nucleus; core	6
hècǎi	喝彩	喝彩	*v.*	acclaim; cheer	6
hénjì	痕迹	痕跡	*n.*	mark; trace	2
hēng	哼	哼	*v.*	hum	6
hóngshuǐ	洪水	洪水	*n.*	flood; floodwater	3
huáji	滑稽	滑稽	*adj.*	funny; amusing	6
huàféi	化肥	化肥	*n.*	chemical fertilizer	7
huàjù	话剧	話劇	*n.*	modern drama; stage play	6
huái	怀	懷	*n.*	chest; bosom	1
huànxiǎng	幻想	幻想	*n.*	illusion; fantasy	4
huāngdàn-bùjīng	荒诞不经	荒誕不經	*id.*	absurd; ridiculous	4

Pinyin	Simplified Characters	Traditional Characters	Part of Speech	English Definition	Lesson
huánghòu	皇后	皇后	*n.*	queen	2
huánglí	黄鹂	黃鸝	*n.*	oriole	7
huísù	回溯	回溯	*v.*	recall; look back upon	8
huíyóu	回游	回游	*v.*	return to a place of origin (as of fish)	8
hùnzhuó	混浊	混濁	*adj.*	muddy; turbid	7
huó	和	和	*v.*	mix (powder) with liquid	3

J

Pinyin	Simplified	Traditional			
jīchǔ	基础	基礎	*n.*	foundation; base	4
jīfā	激发	激發	*v.*	arouse; stimulate	4
jíbìng	疾病	疾病	*n.*	disease; illness	9
jíxíng	疾行	疾行	*v.*	walk quickly	6
jítǐ	集体	集體	*n.*	collective	2
jìwǎngkāilái	继往开来	繼往開來	*id.*	carry on a legacy and forge ahead into future (keep a tradition and adapt to the future)	10
jiānchén	奸臣	奸臣	*n.*	treacherous court official	6
jiāndé	兼得	兼得	*v.*	have it both ways; get all the benefits of two or more things	7
jiānzhǔ	煎煮	煎煮	*v.*	boil (as in making medicine)	5

Pinyin	Simplified Characters	Traditional Characters	Part of Speech	English Definition	Lesson
jiànduàn	间断	間斷	v.	stop constantly; be disconnected; be interrupted	9
jiànshè	建设	建設	v.	construct	7
jiāngyù	疆域	疆域	n.	territory; domain	10
jiāojì	交际	交際	v.	social intercourse; communicate	10
jiāozhàn	交战	交戰	v.	be at war; fight	9
jiàohǎo	叫好	叫好	v.	applaud; shout 'Bravo!'	6
jiēchù	接触	接觸	v.	come into contact with; get in touch with	4
jiēduàn	阶段	階段	n.	phase	2
jiējí	阶级	階級	n.	(social) class	3
jièzhù	借助	借助	v.	have the aid of; draw support from	5
jīndǒu	筋斗	筋斗	n.	somersault; tumble (over)	3
jīn'gūbàng	金箍棒	金箍棒	n.	golden rod (a weapon used by the Monkey King in the novel Pilgrimage to the West)	4
jìnjì	禁忌	禁忌	n.	taboo	5
jìnzhǐ	禁止	禁止	v.	prohibit; ban	2
jīnghuá	精华	精華	n.	essence	5
jīngmài	经脉	經脈	n.	passages through which vital energies circulate	5

Pinyin	Simplified Characters	Traditional Characters	Part of Speech	English Definition	Lesson
jīngyàn	经验	經驗	*n.*	experience	3
jìngnèi	境内	境內	*n.*	within (a country's) borders	8
jìngsài	竞赛	競賽	*n.*	contest; competition	9
jǔ	举	舉	*v.*	raise	10
jùjí	聚集	聚集	*v.*	gather; collect	1
jùzhǒng	剧种	劇種	*n.*	type (or genre) of drama	6
juàn	倦	倦	*adj.*	weary; tired	1
jūnbèi	军备	軍備	*n.*	armament; arms	9

K

kāikěn	开垦	開墾	*v.*	open up (or reclaim) wasteland	7
kāipì	开辟	開闢	*v.*	open up; start; found	3
kǎnfá	砍伐	砍伐	*v.*	fell (trees)	7
kàngjù	抗拒	抗拒	*v.*	resist; defy	3
kǎozhèng	考证	考證	*v.*	prove through textual evidence	2
kēxuéjìshù	科学技术	科學技術	*n.*	science and technology	4
kōngjiān	空间	空間	*n.*	space	4
kōngkuàng	空旷	空曠	*adj.*	open; spacious	8
kǒngbù	恐怖	恐怖	*adj.*	terrifying	9
kǒngjù	恐惧	恐懼	*adj.*	feared; dreadful	3

Pinyin	Simplified Characters	Traditional Characters	Part of Speech	English Definition	Lesson
kùrè	酷热	酷熱	*adj.*	extremely hot (weather)	3
kuàngwù	矿物	礦物	*n.*	mineral	5

L

láiqùwúzōng	来去无踪	來去無蹤	*id.*	come and go into thin air	1
lǎngdú	朗读	朗讀	*v.*	read loudly and clearly	10
lǎnglǎng	朗朗	朗朗	*adj.*	bright; light	7
làngfèi	浪费	浪費	*v.*	waste; squander	8
líqígǔguài	离奇古怪	離奇古怪	*id.*	odd; bizarre	4
lǐlùn	理论	理論	*n.*	theory	4
lìchéng	历程	歷程	*n.*	progress	2
liǎnpǔ	脸谱	臉譜	*n.*	facial makeup in opera	6
liǎngnán	两难	兩難	*adj.*	having a dilemma	7
lièwù	猎物	獵物	*n.*	prey	9
línghún	灵魂	靈魂	*n.*	soul; spirit	10
liúshī	流失	流失	*v.*	run off; be washed away; erode	7
lóngfēifèngwǔ	龙飞凤舞	龍飛鳳舞	*id.*	lively and vigorous (in calligraphy)	5
lǒngzhào	笼罩	籠罩	*v.*	envelop; shroud	7
lùchū	露出	露出	*v.*	reveal	5

Pinyin	Simplified Characters	Traditional Characters	Part of Speech	English Definition	Lesson
lǚ	缕	縷	*n.*	thread (measure word for long, thin and soft materials, such as silk, wire.)	1
luòchā	落差	落差	*n.*	difference	8

M

Pinyin	Simplified Characters	Traditional Characters	Part of Speech	English Definition	Lesson
májiàng	麻将	麻將	*n.*	mahjong	5
mǎyǎwénzì	玛雅文字	瑪雅文字	*n.*	Mayan writing	10
màijiǎo	迈脚	邁腳	*v.*	raise one's foot	6
màncháng	漫长	漫長	*adj.*	very long	2
máo	矛	矛	*n.*	spear; lance	9
méitàn	煤炭	煤炭	*n.*	coal industry	8
mílù	麋鹿	麋鹿	*n.*	David's deer (a species of deer common in China)	9
miànduì	面对	面對	*v.*	face; confront	3
miànjī	面积	面積	*n.*	area	8
miànlín	面临	面臨	*v.*	face; be confronted with	7
miáoshù	描述	描述	*v.*	describe	4
mínguózhèngfǔ	民国政府	民國政府	*n.*	the Republic of China government (1912-1949)	2
mínjiān	民间	民間	*n.*	among the people	2
mínglìng	明令	明令	*v.*	explicit order; public proclamation	2

Pinyin	Simplified Characters	Traditional Characters	Part of Speech	English Definition	Lesson
míngquè	明确	明確	*adj.*	clear and definite; explicit	2
móhu	模糊	模糊	*adj.*	blurred; indistinct	7
mǒuxiē	某些	某些	*n.*	some; certain	4

N

Pinyin	Simplified Characters	Traditional Characters	Part of Speech	English Definition	Lesson
nàqiè	纳妾	納妾	*vo.*	take a concubine	2
nèihán	内涵	內涵	*n.*	deep meaning (of literature and culture); rich in knowledge or culture (of a person)	5
nèiróng	内容	內容	*n.*	content; substance	3
néngnài	能耐	能耐	*n.*	ability; capability	3
níjiāng	泥浆	泥漿	*n.*	mud	3
nìshuǐ	溺水	溺水	*v.*	drown	3
niē	捏	捏	*v.*	knead	3
nóngtián	农田	農田	*n.*	farmland; cultivated land	7
nóngyào	农药	農藥	*n.*	agricultural chemical; pesticide	7
nóngzuòwù	农作物	農作物	*n.*	crops	7

P

Pinyin	Simplified Characters	Traditional Characters	Part of Speech	English Definition	Lesson
pèi'ǒu	配偶	配偶	*n.*	spouse	2
pèiwǔ	配伍	配伍	*n.*	compatibility of medicines	5

Pinyin	Simplified Characters	Traditional Characters	Part of Speech	English Definition	Lesson
pěng	捧	捧	v.	hold or carry in both hands	1
piāofú	飘浮	飄浮	v.	float	1
pínfá	贫乏	貧乏	adj.	poor; lacking	3
pǐnzhì	品质	品質	n.	character; quality	6
píngcháng	平常	平常	adv.	common; ordinary	4
pínghéng	平衡	平衡	adj.	balanced; equal	5
píngjià	评价	評價	v.	appraise; evaluate	6

Q

qíjì	奇迹	奇跡	n.	miracle; wonder	4
qǐfā	启发	啟發	v.	inspire; enlighten	1
qǐyuán	起源	起源	v.	originate	6
qìfēn	气氛	氣氛	n.	atmosphere	6
qiānzībǎitài	千姿百态	千姿百態	id.	in different poses and with different expressions	5
qiánkūn	乾坤	乾坤	n.	heaven and earth; the universe	7
qiāngdiào	腔调	腔調	n.	accent; intonation	6
qiángliè	强烈	強烈	adj.	strong; intense	3
qiè	切	切	v.	feel a pulse	5
qiè	妾	妾	n.	concubine	2
qīnhài	侵害	侵害	v.	encroach on; make inroads on	9

Pinyin	Simplified Characters	Traditional Characters	Part of Speech	English Definition	Lesson
qīngchè	清澈	清澈	*adj.*	limpid; clear	7
qīngsōng	轻松	輕鬆	*adj.*	light; relaxed; delighted	10
qīngtiān	青天	青天	*n.*	blue sky	1
qīngtóng	青铜	青銅	*n.*	bronze	9
qíngjié	情节	情節	*n.*	plot; circumstances	6
qíngkōng	晴空	晴空	*n.*	clear sky; cloudless sky	1
qióng	穷	窮	*adj.*	end (of a thing)	1
qūyù	区域	區域	*n.*	region; area	8
qúnhūn	群婚	群婚	*n.*	communal marriage	2

R

Pinyin	Simplified Characters	Traditional Characters	Part of Speech	English Definition	Lesson
ránshāo	燃烧	燃燒	*v.*	burn; kindle	8
rènéng	热能	熱能	*n.*	heat (thermal) energy	8
réndìng-shèngtiān	人定胜天	人定勝天	*id.*	man can conquer nature	3
rénlèixué	人类学	人類學	*n.*	anthropology	2
rèn	任	任	*v.*	allow; give free rein to; not care about	1
rènwù	任务	任務	*n.*	assignment; mission	7
rènxìng	韧性	韌性	*n.*	toughness; tenacity	9
rènzhī	认知	認知	*v.*	acknowledge	3
rìxīnyuèyì	日新月异	日新月異	*id.*	change with each passing day	7

Pinyin	Simplified Characters	Traditional Characters	Part of Speech	English Definition	Lesson
rónghé	融合	融合	*v.*	mix together; merge	6
rújiā	儒家	儒家	*prn.*	Confucianism	10
rúmèngrúhuàn	如梦如幻	如夢如幻	*id.*	dreamy	1
rùyào	入药	入藥	*v.*	be used as medicine	5
ruògān	若干	若干	*pn.*	a certain number or amount	4

S

Pinyin	Simplified Characters	Traditional Characters	Part of Speech	English Definition	Lesson
sǎluò	洒落	灑落	*v.*	scatter	3
sānxiá	三峡	三峽	*n.*	The Three Changjiang River Gorges	8
sàngshī	丧失	喪失	*v.*	lose; forfeit	8
shāchénbào	沙尘暴	沙塵暴	*n.*	dust storm	7
shāmò	沙漠	沙漠	*n.*	desert	7
shāshānglì	杀伤力	殺傷力	*n.*	deadliness	9
shānhuǒ	山火	山火	*n.*	forest fire	
shāngwáng	伤亡	傷亡	*v.*	injuries and deaths; casualties	9
shàngyóu	上游	上游	*n.*	upper reaches (of a river)	8
shāowēi	稍微	稍微	*adv.*	a little; slightly	7
shétāi	舌苔	舌苔	*n.*	coating on the tongue	5
shēnhòu	深厚	深厚	*adj.*	deep; profound	10
shēnzhǎn-juǎnqū	伸展卷曲	伸展捲曲	*v.*	stretch and curl	1

Pinyin	Simplified Characters	Traditional Characters	Part of Speech	English Definition	Lesson
shēnzhāng	伸张	伸張	v.	uphold; promote	3
shénhuà	神话	神話	n.	mythology; myth	3
shénhuà	神化	神化	v.	deify	3
shénqí	神奇	神奇	adj.	magical; mystical	4
shénxiān	神仙	神仙	n.	supernatural being; immortal	3
shēngcún	生存	生存	v.	subsist; exist	7
shēngmiè	生灭	生滅	n.	life and death	1
shēngtài	生态	生態	n.	ecology	8
shéngzi	绳子	繩子	n.	rope; string	3
shèngguò	胜过	勝過	v.	excel	9
shèngxíng	盛行	盛行	v.	be popular; be in vogue	2
shīhéng	失衡	失衡	adj.	unbalanced	5
shí'ér	时而	時而	adv.	sometimes	1
shíqì	石器	石器	n.	stone implement; stone artifact	9
shíxíng	实行	實行	v.	put into practice; carry out	2
shíyàn	实验	實驗	v.	experiment	5
shǐzhōng	始终	始終	n.	from beginning to end; start and finish	1
shìbì	势必	勢必	adv.	certainly will; be bound to	7
shìgù	事故	事故	n.	accident; mishap	8
shìjièdàzhàn	世界大战	世界大戰	n.	world war	9

Pinyin	Simplified Characters	Traditional Characters	Part of Speech	English Definition	Lesson
shìxiǎng	试想	試想	v.	try to think; speculate	10
shǒuduàn	手段	手段	n.	method	5
shòuliè	狩猎	狩獵	v.	hunt	9
shūjuǎnzìrú	舒卷自如	舒卷自如	id.	roll back and forth freely	1
shūshì	舒适	舒適	adj.	comfortable; cosy	7
shǔyú	属于	屬於	v.	belong to; be part of	2
shùzhī	树枝	樹枝	n.	branch	3
shuǎi	甩	甩	v.	toss	3
shuǐbà	水坝	水壩	n.	dam	8
shuǐdiànzhàn	水电站	水電站	n.	hydroelectric (power) station	8
shuǐqì	水汽	水汽	n.	water vapor	1
sī	思	思	v.	think; miss	10
sīwéi	思维	思維	n.	thought; thinking	1
sīyǒuzhì	私有制	私有制	n.	private ownership	2
sūlián	苏联	蘇聯	prn.	Soviet Union	8
sūměiěrwénzì	苏美尔文字	蘇美爾文字	n.	Sumerian writing	10
suí	随	隨	v.	follow	1
suíhòu	随后	隨後	adv.	soon afterwards	2
suíxīnsuǒyù	随心所欲	隨心所欲	id.	have one's own way; do as one pleases	5
suìyuè	岁月	歲月	n.	time and age	2
Sūn Wùkōng	孙悟空	孫悟空	prn.	Monkey King	4

Pinyin	Simplified Characters	Traditional Characters	Part of Speech	English Definition	Lesson
T					
táibù	台步	臺步	*n.*	the walk of an actor or actress in Beijing opera, etc.	6
tānhuàn	瘫痪	癱瘓	*v.*	be paralyzed	8
tànsuǒ	探索	探索	*v.*	explore; probe	4
tèxìng	特性	特性	*n.*	characteristic	1
tǐxiàn	体现	體現	*v.*	embody; reflect	5
tiānnánhǎiběi	天南海北	天南海北	*id.*	all over the country; widespread	10
tiānzhēn	天真	天真	*adj.*	innocent; naive	3
tiánpíng	填平	填平	*v.*	fill to level	3
tíngdiàn	停电	停電	*v.*	power cut; power failure	8
tíngzhì	停滞	停滯	*v.*	stagnate; be at a standstill	7
tōnghūn	通婚	通婚	*v.*	be (or become) related by marriage; intermarry	2
tóngyī	同一	同一	*adj.*	same; identical	10
tóufàng	投放	投放	*v.*	throw in; put in	9
tóurù	投入	投入	*v.*	throw into	3
tūfēiměngjìn	突飞猛进	突飛猛進	*id.*	advance by leaps and bounds	7
tú'àn	图案	圖案	*n.*	pattern; design	6
tuīlǐ	推理	推理	*v.*	infer; deduce	3

Pinyin	Simplified Characters	Traditional Characters	Part of Speech	English Definition	Lesson
tuīná	推拿	推拿	v.	massage	5

W

Pinyin	Simplified Characters	Traditional Characters	Part of Speech	English Definition	Lesson
wánjì	丸剂	丸劑	n.	pill	5
wáng	亡	亡	v.	die	3
wēihài	危害	危害	v.	harm; endanger	9
wēilì	威力	威力	adj.	power; might	4
wēishè	威慑	威懾	v.	deter; intimidate	9
wéiqí	围棋	圍棋	n.	the game of Go	5
wéiyī	唯一	唯一	adj.	sole; unique; only	10
wénwù	文物	文物	n.	culture relic; historical relic	8
wén	闻	聞	v.	hear	5
wěndìng	稳定	穩定	adj.	stable; steady	2
wěndìngxìng	稳定性	穩定性	n.	stability	10
Wūkèlán	乌克兰	烏克蘭	prn.	Ukraine	8
wūrǎn	污染	污染	v.	pollute; contaminate	5
wújūwúshù	无拘无束	無拘無束	id.	unrestrained; unconstrained; carefree	1
wúsuǒyùqiú	无所欲求	無所欲求	id.	there is no desire	1
wúxīn	无心	無心	adv.	not be in the mood for; not intentionally	1
wǔdǎ	武打	武打	v.	acrobatic fighting in Chinese opera	6

Pinyin	Simplified Characters	Traditional Characters	Part of Speech	English Definition	Lesson
wǔqì	武器	武器	n.	weapons; arms	4
wǔmèi	妩媚	嫵媚	adj.	lovely; charming	1
wù	悟	悟	v.	realize; awaken; comprehend	1
wùmái	雾霾	霧霾	n.	smog; haze	7

X

Pinyin	Simplified Characters	Traditional Characters	Part of Speech	English Definition	Lesson
xìjù	戏剧	戲劇	n.	drama; play	6
xìtái	戏台	戲臺	n.	stage	6
xìtǒng	系统	系統	n.	system	8
xiáxiǎng	遐想	遐想	v.	daydream	1
xiáyì	侠义	俠義	adj.	having a strong sense of justice and ready to help the weak	6
xiānchénbùrǎn	纤尘不染	纖塵不染	id.	be spotlessly clean	7
xiǎn'è	险恶	險惡	adj.	dangerous and evil	6
xiǎnwēijìng	显微镜	顯微鏡	n.	microscope	5
xiànshí	现实	現實	n.	actuality	4
xiàntiáo	线条	線條	n.	line	6
xiāngduì	相对	相對	adv.	relatively; comparatively	2
xiāngduìlùn	相对论	相對論	n.	the Theory of Relativity	4
xiǎngwǎng	向往	嚮往	v.	yearn for; dream of	7
xiǎngxiàng	想象	想像	v.	imagine	3

Pinyin	Simplified Characters	Traditional Characters	Part of Speech	English Definition	Lesson
xiāohào	消耗	消耗	*v.*	consume; expend	8
xiǎochǒu	小丑	小丑	*n.*	clown; buffoon	6
xié'è	邪恶	邪恶	*adj.*	evil; vicious	3
xièlòu	泄漏	洩漏	*v.*	leak; let out	8
xīnjìn	新近	新近	*adv.*	recently; lately	4
xīnshǎng	欣赏	欣賞	*v.*	appreciate; enjoy	6
xíngwéi	行为	行為	*n.*	behavior	1
xìngzhì	性质	性質	*n.*	quality; character	10
xiōngzhà	凶诈	凶詐	*adj.*	vicious and treacherous	6
xióngzhǎng	熊掌	熊掌	*n.*	bear's paw (as a rare delicacy)	7
xiūxīnyǎngxìng	修心养性	修心养性	*id.*	cultivate oneself	5
xiù	岫	岫	*n.*	cave; hill	1
xuànlìduōcǎi	绚丽多彩	絢麗多彩	*id.*	gorgeous; magnificent	1
xuànrǎn	渲染	渲染	*v.*	apply colors to a drawing; exaggerate	1
xuéshuō	学说	學說	*n.*	theory	10

Y

Pinyin	Simplified Characters	Traditional Characters	Part of Speech	English Definition	Lesson
yānmò	淹没	淹没	*v.*	submerge; drown; flood	8
yánfā	研发	研發	*v.*	research and develop	9
yánzhì	研制	研製	*v.*	manufacture; develop	9

Pinyin	Simplified Characters	Traditional Characters	Part of Speech	English Definition	Lesson
yángé	严格	嚴格	adj.	strict	2
yánxù	延续	延續	v.	continue; carry on	2
yánxùbùduàn	延续不断	延續不斷	id.	go on forever	10
yǎnhuāliáoluàn	眼花缭乱	眼花繚亂	id.	be dazzled	5
yǎnchū	演出	演出	v.	perform	6
yǎnjì	演技	演技	n.	acting	6
yǎnxì	演戏	演戲	v.	act in a play	6
yǎnyuán	演员	演員	prn.	actor or actress	6
yāngyāng	泱泱	泱泱	adj.	(of waters) vast; magnificent	10
yángqǐ	扬起	揚起	v.	kick up	9
yángshàn-chéng'è	扬善惩恶	揚善懲惡	id.	praise good deeds and punish evil	4
yāomó	妖魔	妖魔	n.	evil spirit; demon	3
yáobǎi	摇摆	搖擺	v.	swing; sway	1
yáoyè	摇曳	搖曳	v.	flicker; sway	1
yàocái	药材	藥材	n.	medicinal materials	5
yàofāng	药方	藥方	n.	prescription	10
yàolǐ	药理	藥理	n.	pharmacology	5
yěshòu	野兽	野獸	n.	wild beast; wild animal	9
yīdàn	一旦	一旦	conj.	once; in case	8
yīfūyīqīzhì	一夫一妻制	一夫一妻制	n.	monogyny; monogamy	2

Pinyin	Simplified Characters	Traditional Characters	Part of Speech	English Definition	Lesson
yīlánrúxǐ	一蓝如洗	一藍如洗	*id.*	pure blue	7
yīzhāoyīshì	一招一式	一招一式	*n.*	every gesture and motion	6
yīshízhùxíng	衣食住行	衣食住行	*id.*	food, clothing, shelter and transportation (basic necessities of life)	7
yīrán	依然	依然	*adv.*	still; as before	2
yīzhào	依照	依照	*v.*	according to; base on	3
yí	疑	疑	*v.*	suspect	10
yíchǎn	遗产	遺產	*n.*	legacy; inheritance	8
yíqì	仪器	儀器	*n.*	instrument; apparatus	5
yǐ	以	以	*conj.*	and	1
yì	亦	亦	*adv.*	also	10
yìyuàn	意愿	意願	*n.*	wish; desire	3
yīnsù	因素	因素	*n.*	factor; element	4
yīnyáng	阴阳	陰陽	*n.*	Yin and Yang	5
yǐnhuàn	隐患	隱患	*n.*	hidden trouble; hidden danger	8
yǐngzi	影子	影子	*n.*	shadow; reflection	4
yìngdù	硬度	硬度	*n.*	hardness	9
yōurán	悠然	悠然	*adj.*	carefree and leisurely	7
yōuxián	悠闲	悠閒	*adj.*	leisurely and carefree	7
yóuwéi	尤为	尤為	*adv.*	particularly; especially	7

Pinyin	Simplified Characters	Traditional Characters	Part of Speech	English Definition	Lesson
yǒuzhāngkěxún	有章可循	有章可循	id.	have rules to follow	5
yúlín	鱼鳞	魚鱗	n.	fish scale	1
yúmèi	愚昧	愚昧	adj.	ignorant; benighted	2
yǔzhòu	宇宙	宇宙	n.	universe; cosmos	4
yùfáng	预防	預防	v.	prevent; take precautions against	9
yùjiàn	预见	預見	v.	foresee; predict	4
yuánshǐ	原始	原始	adj.	original; primitive	2
yuánzǐdàn	原子弹	原子彈	n.	atomic bomb	9
yuánquán	源泉	源泉	n.	source; fountainhead	4
yuányuǎn-liúcháng	源远流长	源遠流長	id.	have a long history	5
yuànwàng	愿望	願望	n.	desire; wish	3
yuèqì	乐器	樂器	n.	musical instrument	6
yúnxiá	云霞	雲霞	n.	rosy clouds	1

Z

zāinàn	灾难	災難	n.	disaster	9
zàitǐ	载体	載體	n.	carrier	10
zāodào	遭到	遭到	v.	encounter; come across a negative scenario	7
zhàdàn	炸弹	炸彈	n.	bomb	9
zhānbǔ	占卜	占卜	v.	practice divination	5
zhànshèng	战胜	戰勝	v.	defeat; overcome	3

Pinyin	Simplified Characters	Traditional Characters	Part of Speech	English Definition	Lesson
zhànzhēng	战争	戰爭	*n.*	war; warfare	9
zhāngfǎ	章法	章法	*n.*	set method; routine	6
zhélǐ	哲理	哲理	*n.*	philosophic theory; philosophy	1
zhēnjiǔ	针灸	針灸	*n.*	acupuncture and moxibustion	5
zhěnduàn	诊断	診斷	*v.*	diagnose	5
zhēnguì	珍贵	珍貴	*adj.*	valuable; precious	8
zhēngfú	征服	征服	*v.*	conquer; subjugate	3
zhèngyì	正义	正義	*n.*	justice; righteousness	3
zhèngzhuàng	症状	症狀		symptom	5
zhìdìng	制定	制定	*v.*	enact; set up	2
zhìdù	制度	制度	*n.*	system; institution	2
zhìguài	志怪	志怪	*adj.*	strange and supernatural	4
zhìlǐ	治理	治理	*v.*	administer; govern	10
zhìliáo	治疗	治療	*v.*	treat; cure	9
zhìshǐ	致使	致使	*v.*	cause; result in	8
zhìyí	质疑	質疑	*v.*	call into question; query	5
zhōngchén	忠臣	忠臣	*n.*	official loyal to his sovereign	6
zhōngchéng	忠诚	忠誠	*adj.*	loyal; faithful	6
zhúgān	竹竿	竹竿	*n.*	bamboo pole; bamboo	9

Pinyin	Simplified Characters	Traditional Characters	Part of Speech	English Definition	Lesson
zhūluójì	侏罗纪	侏羅紀	n.	Jurassic Period	4
zhūrú	诸如	諸如	v.	such as	4
zhuīzhú	追逐	追逐	v.	chase	9
zhǔnzé	准则	準則	n.	norm; standard	1
zìránjiè	自然界	自然界	n.	natural world	3
zīyuán	资源	資源	n.	natural resources; resources	8
zòngguān	纵观	縱觀	v.	thoroughly observe	2
zǔdǎng	阻挡	阻擋	v.	stop; resist	8
zǔzhǐ	阻止	阻止	v.	prevent; stop	9

✦ 后记 ✦
✦ 後記 ✦

Afterword from the Author

今天第五册《坐看云起时》的稿子交给了出版社，这套汉语与文化系列教材终于写完了。七年了，拖得是有点儿长了。在此向出版社和使用这套教材的老师学生表示歉意。

记得2006年深秋的一个晚上，波士顿剑桥出版社的老总崔志洁老师来电话，问我能不能帮出版社审一本书稿，后来却谈到了希望我们编写一套汉语与文化系列阅读教材。我们曾经编写过汉语与文化的课本，所以也就高兴地应承下来，而且2007年初夏就完成了第一本《太阳的远近》（第二册），2007年冬天又完成了第二本《月亮总是美好的》（第三册）。

本来是要赶紧写第一册的，可是一来要在十分有限的词汇、语法、话题的范围内编写出一本具有一定可读性的初级阅读教材实为不易；二来这段时间要赶着完成其它几本书稿，结果一拖再拖，直到2011年才写出了第三本，也就是第一册《天上星星亮晶晶》，接着2013年1月出版了第四册《风从哪里来》。

这几年里，崔老总问过我几次，说老师们在等着后面的几本呢，问得我很不好意思，心想得赶快写了。当然，即便是想把它们赶快写完，也决不敢草率行事，就像前言里说的那样，每一册，每一篇，每一段，每一句，写的时候都如履薄冰、战战兢兢。

　　这套教材以汉语学习为经，以文化传播为纬，把汉语与文化紧密地交织在一起。其中既有中国传统文化，也有现代文化。后面两册是中高级水平，所以课文篇幅增长，练习难度增大，话题也增加了一定的深度和广度。

　　这五本书的书名都跟天空有关系，并不是事先拟定的。本来我们把第一本也就是第二册叫做"小霞的网恋"，但是出版社从学生的角度考虑，认为"太阳的远近"比较合适。我们想，既然第一本是"太阳"了，那么第二本就"月亮"吧，接着，就有了"星星"、"风"和"云"。后来出版社做宣传时称它们为"天空系列"，也不错，挺好听的，当然每一册里必定有一篇和书名一致的文章。

　　　　　　　　　黄伟嘉　记于2014年仲夏

Related Titles

Improve Reading Comprehension

The Readings in Chinese Culture Series

Sharpen your reading skills while learning about Chinese culture. Each volume in this graded readers series contains 10 essays of 500–750 characters in both simplified and traditional characters on facing pages. Includes vocabulary lists, related words and expressions, and more.

The Sky Is Bright with Stars	How Far Away Is the Sun?	The Moon Is Always Beautiful	Where Does the Wind Blow?	Watching the Clouds Go By
Volume 1, Intermediate Low	Volume 2, Intermediate Mid	Volume 3, Intermediate High	Volume 4, Advanced Low	Volume 5, Advanced Mid

Tales and Traditions

Readings in Chinese Literature Series

Compiled by Yun Xiao, et al.

Read level-appropriate excerpts from the Chinese folk and literary canon. Volumes 1–4 now available.

Chinese Biographies

By Grace Wu

Improve your Chinese reading skills while learning about world-renowned celebrities: Jeremy Lin, Vera Wang, Jay Chou, Yao Ming, Lang Lang, and Ang Lee. With *pinyin* annotation and free online resources at **cheng-tsui.com/chinesebiographies**

Related Titles

Build Vocabulary

The Way of Chinese Characters
The Origins of 450 Essential Words
By Jianhsin Wu

Enjoy *The Way of Chinese Characters'* fun and illustrated approach to learning 450 essential Chinese characters through their etymological origins. A perfect companion to any high school and college-level Chinese textbook.

Pop Chinese
A Cheng & Tsui Bilingual Handbook of Contemporary Colloquial Expressions
Compiled by Yu Feng, Yaohua Shi, Zhijie Jia, Judith M. Amory, and Jie Cai

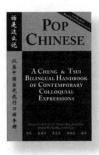

Decipher new expressions as they pop up in contemporary China! *Pop Chinese* contains 1200 popular colloquial idioms and phrases, taken from over 500 popular films, TV series, and contemporary novels and short stories.

Cheng & Tsui Chinese Character Dictionary
A Guide to the 2000 Most Frequently Used Characters
Edited by Wang Huidi

Pave the way for success in writing Chinese with this dictionary. Its 2000 core simplified characters are alphabetized by *pinyin* and provide information on radicals, stroke order, structural classification, and other aspects.

Chinese BuilderCards
The Lightning Path to Mastering Vocabulary
By Song Jiang, Haidan Wang

Master Chinese vocabulary by learning how groups of words relate to each other. Chinese BuilderCards has 768 cards, each featuring a headword, *pinyin*, English definition, radical information, number of strokes, and associated words. Cumulative total: 2100 words culled from the most popular textbooks for learning Chinese.